사도행전의 해석

Interpreting the Book of Acts

Interpreting the Book of Acts
By Walter L. Liefeld
Translated by Prof. Chinook Kim, Th.M., Dr.Phil.

Pubilshed by Hapdong Theological Seminary Press
Kwangkyojoongang-ro 50, Yeongtong-gu, Suwon, Korea

사도행전의 해석

초판 1쇄 발행 | 2014년 2월 28일

지은이 | 월터 라이펠드 (Walter L. Liefeld)
옮긴이 | 김진옥
발행인 | 조병수
펴낸곳 | 합신대학원출판부
주 소 | 443-791 경기도 수원시 영통구 광교중앙로 50 (원천동)
전 화 | (031) 217-0629
팩 스 | (031) 212-6204
홈페이지 | www.hapdong.ac.kr
출판등록번호 | 제22-1-1호
인쇄처 | 예원프린팅 (031) 957-6551
총 판 | (주)기독교출판유통(031) 906-9191

값 8,000원

ISBN 978-89-97244-18-8 93230 : ₩8000
사도 행전[使徒行傳]
233.66-KDC5
226.6-DDC21 CIP2014005767
*잘못된 책은 교환해드립니다

「이 도서의 국립중앙도서관 출판시도서목록(CIP)은 e-CIP홈페이지(http://www.seoji.nl.go.kr/ecip)와 국가자료공동목록시스템(http://www.nl.go.kr/kolisnet)에서 이용하실 수 있습니다. (CIP제어번호: CIP2014005767)」

사도행전의 해석

월터 라이펠드 지음 / 김진옥 옮김

합신대학원출판부

■ 역자 서문

이 서문을 읽는 사람들은 아마도 어떤 형태로든 사도행전에 관심을 가지고 있는 사람들일 것이다. "사도행전은 과연 어떤 책일까?"라는 물음에서 우리는 시작한다. 양파는 여러 겹의 껍질로 이루어져 있다. 겉의 건조하고 얇은 표피를 벗겨내면 하얗고 윤기 있는 전혀 다른 모습의 알맹이가 존재한다. 양파는 이런 껍질이 여러 겹으로 싸여진 다층구조의 식물이며, 주로 표피를 제거하고 먹는다. 사도행전은 내러티브라는 서술방식을 주된 골격으로 하여 쓰인 책이다. 역자는 사도행전의 내러티브가 마치 양파와 같다고 생각한다. 겉 표면에 흐르는 이야기들을 살짝 벗겨내면 또 다른 의미의 겹이 발견되고, 아래 겹을 벗겨내면 또 다른 겹이 존재하는 것이다. 그러나 벗겨내는 모든 겹들이 모여서 한 양파를 이루는 것 같이, 사도행전의 내러티브도 결국 겉 표면부터 마지막 겹에 이르기까지 하나의 유기적인 구조로 통일된다.

어린이들이 좋아하는 유명한 만화영화 캐릭터인 슈렉도 자기를 양파에 비유하였다. 겉은 못생기고 사람들이 혐오하는 괴물의 형상이지만, 겉 표면을 벗겨내면 아기와 같이 부드럽고, 새하얗고, 윤기 있는 한 사람이 존재하고 있는 것이다. 그러므로 사도행전의 행간을 분석하여 그 표면적인 껍질을 벗겨내는 것은 매우 흥분되고 감격스럽기까지 하다. 껍질에서 전혀 느끼지 못하였던 누가의 의중과 대면하기 때문이다. 겉도 중요하지만 이 겉의 또 다른 면인 속도 사도행전의 독자들은 대면해야 한다.

그러나 메말라서 단단해 보이는 껍질을 분리하여 속을 들여다보는 것이 사람들 사이에서도 그렇듯 사도행전의 행간에서도 어렵게 느껴진다. 그러므로 우리에게는 선도자가 필요한데, 이 책은 사도행전의 행간의 숨은 뜻을 들여다보는 데 좋은 관점과 지침을 제공할 것이다. 이 책은 간략한 해설서이다. 그러나 사도행전에 기록된 거의 모든 내용을 종합하여 관조하게 하는 Walter L. Liefeld 교수님의 통찰력이 드러나는 탁월한 저술이다. 독자들이 이 책을 통하여서 사도행전 안에 숨겨진 참된 진리를 만나기를 소원한다.

이 번역이 진행될 수 있도록 허락해 주신 Walter L. Liefeld 교수님, 나의 신학의 큰 스승으로 이 번역과 신학연구를 계속해서 독려해 주신 조병수 총장님, 그리고 편집과 출판을 위해 수고하신 합동신학대학원대학교 출판부 직원분들께 이 지면을 빌어 감사의 말씀을 드린다.

2014년 겨울
용인에서 김진옥

■ 머리말

필자가 이 서언을 쓰는 곳은 콜로라도 스프링스의 서부에 있는 호텔 객실이다. 이곳으로부터 파이크 피크의 아름다운 경치를 조망할 수 있다. 길고 광활한 능선을 포함한 거대한 풍경은 필자가 지난 몇 주간 집중적으로 보아왔던 성경본문들의 세밀함과 큰 대조를 이룬다. 필자는 NIV 성경번역 위원회의 일원으로 성경본문을 정확하고, 의미에 충실하며, 현대적인 명료함을 가진 말씀으로 번역하는 일에 많은 정성을 기울여왔다. 세밀한 초점을 가지고 일해야 하는 이 작업은 꼭 필요한 일이자, 또한 즐거운 일이기도 하다. 이 작업은 이곳을 둘러싼 경치의 방대함과 대조를 이룰 뿐만 아니라 또한 성경 연구의 방대한 영역과도 대조를 이룬다.

나의 책은 사도행전 본문 가운데 해석상의 광범위한 논쟁이 최고점을 찍는 곳에서 시작한다. 이 책은 세밀한 연구에 바탕을 둔 해석학적 방법들의 산맥을 공중에서 조망하게 한다. 성경본문에 대한 신선한 관점들, 곧 이들이 가진 문학적 성격, 역사적이고 문화적인 배경, 교리적인 가르침, 그리고 실제적인 적용들이 이 책을 읽는 모든 이들에게 제시된다. 성경을 번역하는 작업과 마찬가지로, 본문에 대한 이러한 접근들은 주의 깊은 연구, 개인적인 헌신, 그리고 우리가 성경에서 배운 것을 개인적으로 적용하려고 할 때 구하는 것인 성령님에 대한 의존을 요구한다.

이 작업은 필자가 그레코-로만 문학을 배우는 학생 때부터 자라나기 시작하여 교수사역과 목회사역의 계속된 시간 속에서 성숙하여진 사도행전 본문에 대한 감사가 맺은 결실이다. 사도행전은 나를 흥분시킨다. 이 책 속에서 긴장감 가득한 모험, 선과 악의 대결, *National Geographic*에

버금가는 생생한 여행의 장면, 텔레비전에 나오는 배우들 보다 더 극적인 등장인물들, 그리고 무엇보다 성령님의 직접적인 사역이 생동감 있게 펼쳐진다. 이 한 책에 발견되어지는 모든 것들은 하나님의 영감으로 기록되었으며, 역사적인 사실이며, 그리고 읽는 독자 개개인에게 적용되어질 수 있다.

이 책을 연구하고 저술하는 데 도움을 준 친구들을 언급할 수 있어서 기쁘게 생각한다:

나의 친구이자 박사논문을 지도받는 학생인 Douglas S. Huffman이 이 책을 위해 중요한 서지적인 연구를 추가해 주었다. 사도행전과 신약 배경사의 박사과정 세미나에 함께 하는 다른 학생들도 나의 연구에 적극적으로 동참하였다.

Christ Church Lake Forest의 성도들이 성경의 연구와 저술 사업의 중요성을 인지하고 교회의 사역 속에서도 필자가 이 연구를 마칠 수 있도록 너그럽게 허락해 주었다.

이전에는 나의 학생이었으나, 지금은 학문적 동료이며, 이 책이 소속된 시리즈의 편집자인 Scot McKnight이 이 책을 저술할 수 있도록 독려하였다. Baker Book House의 Jim Weaver와 Wells Turner가 편집과 출판의 과정에서 이 책이 나오는 데 공헌을 하였다.

그리고 이 책의 "함의하는 독자"인 당신이 필자의 마음속에 항상 있어서, 이 책을 계속해서 쓸 수 있도록 고무하였다. 이 연구가 우리를 도와서 주님과 그의 말씀에 대한 사랑을 더하여 주시길 소망한다.

월터 라이펠드(Walter L. Liefeld)

■ 약어표

AB Anchor Bible

AnBib Analecta Biblica

ANRW *Aufstieg und Niedergang der römischen Welt*

BC The Beginning of Christianity, part 1, The Acts of the Apostles. 5 Vols., ed. Frederick John Foakes Jacson and Kirsopp Lake (London: Macmilan & Co., 1920-33

BETL Bibliotheca Ephemoridum Theologicarum Lovaniensium

Bib Biblica

BJRL *Bulletin of the John Rylands University Library of Manchester*

BR *Biblical Research*

BTB *Biblical Theology Bulletin*

BZ *Biblische Zeitschrift*

CBQ *Catholic Biblical Quaterly*

CTM *Concordia Theological Monthly*

CurTM *Currents in Theological Mission*

DBI *A Dictionary of Biblical Interpretation,* ed. R. J. Coggins and J. L. Houlden (Philadelphia: Trinity Press International, 1990)

EBC *The Expositor's Bible Commentary*

ETL *Ephemerides Theologicae Lovanienses*

EvQ *Evangelical Quarterly*

FFNT Foundations and Facets: New Testament

FFSF Foundations and Facets: Social Facets

FRLANT Forschungen zur Religion und Literature des Alten und Neuen Testaments

GBSNTS Guides to Biblical Scholarship, New Testament Series

GNS Good News Studies

GNTE Guides to New Testament Exegesis

HNTC Haper's New Testament Commentaries

HTR *Harvard Theological Review*

IBC Interpretation: A Bible Commentary for Teaching and Preaching

Int *Interpretation: A Journal of Bible and Theology*

ISBE *Interpretational Standard Bible Encyclopedia*, rev. ed., 4 vols., ed. Geoffrey W. Bromiley (Grand Rapids: Eerdmans, 1979-88)

JETS *Journal of the Evangelical Theological Society*

JSNT *Journal for the Study of the New Testament*

JSNTSup Journal for the Study of the New Testament-Supplement Series

KJV King James Version

LCBI Literary Currents in Biblical Interpretation

LS *Louvain Studies*

NAC New American Commentary

NCBC New Century Bible Commentary

NIBC New International Biblical Commentary

NICNT New International Commentary on the New Testament

NIDNTT *The New Interntional Dictionary of New Testament Theology,* 3 vols., ed. Colin Brown (Grand Rapids: Zondervan, 1975-78)

NIV New International Version

NovT *Novum Testamentum*

NovTSup Novum Testamentum, Supplements

NRSV New Revised Standard Version

NTG New Testament Guides

NTS	*New Testament Studies*
NTTS	New Testament Tools and Studies
OBT	Overtures to Biblical Theology
PRS	*Perspectives in Religious Studies*
PTMS	Pittsburgh Theological Monograph Sries
RevExp	*Review and Expositor*
RTR	*Reformed Theological Review*
SBL	Society of Biblical Literature
SBLBMI	SBL The Bible and Its Modern Interpreters
SBLBSNA	SBL Biblical Scholarship in North America
SBLDS	SBL Dissertation Series
SBLMS	SBL Monograph Series
SBLSBS	SBL Sources for Biblical Study
SBLSP	*SBL Seminar Papers*
SNTSMS	Society of New Testament Studies Monograph Series
TNTC	Tyndale New Testament Commentaries
TynBul	*Tyndale Bulletin*
WUNT	Wissenschaftliche Untersuchungen zum Neuen Testament

■ 차례

서론

만약 사도행전이 시선을 끄는 겉표지에 싸여 대중적인 제목을 가진 한 권의 책으로 출간되었다면, 분명히 이 책은 베스트셀러가 되었을 것이다. 사도행전의 내용은 흥미로운 내용을 담고 있다. 이 책에는 로마제국의 다양한 삶의 이야기, 난파선 여행과 같은 재미있는 모험들, 바울과 같은 논쟁적이고 생동감 있는 등장인물들, 그리고 인상 깊은 연설들이 포함되어 있다. 다만 오늘날의 이야기들에서 자주 등장하는 여장부 이야기가 없는 것이 아쉬울 뿐이다.

사도행전은 신약성경 가운데서도 독특한 특징들을 많이 가지고 있는 책이다. 이러한 특징들 가운데 어떤 것들은 반대로 이 책을 이해하는 데 어려움을 선사하기도 한다. 그 가운데 하나가 사도행전에서 사용하고 있는 내러티브 서술방식이다. 사도행전의 주된 서술방식이 내러티브(서사체 기술방식)이기 때문에 이 책은 신약성경 안의 다른 책들에 비해 숙고가 더 필요하다. 때로는 내러티브의 의도를 해석하기 어려울 때도 있지만, 전체적인 면에서 내러티브의 의미는 신중한 분석을 통해서 끌어낼 수 있다. 이와는 반대로 서신서들은 저자들의 생각을 직접적으로 노출시킨다. 복음서에도 내러티브가 등장하며 이들은 예수님의 가르침과 구별해 낼 수 없을 정도로 융화해 있다. 이러한 관찰은 사도행전에 등장하는 내러티브의 중요성을 설명하는 데 도움을 줄 수 있다. 그러나 사도행전의 내러티브가 신약성경에 등장하는 내러티브와는 다르다는 점을 간과해서는 안된다. 사도행전의 내러티브는 서신서와도 복음서와도 다른 자신만의 독특한 특징을 가지고 있다.

그러나 이러한 독특한 내러티브의 사용 자체가 사도행전이 가지고 있는 신학을 대표할 수 있다는 것은 아니다. 이보다는 사도행전에 쓰인 내러티브를 읽는 독자들이 서신서들의 독자들 혹은 복음서를 읽는 독자들보다 어떤 의미에서 더 깊은 주의를 가져야 한다는 것을 의미할 것이다. 우리는 도전적인 마음으로 이것을 직시한다. 우리가 어떻게 사도행전의 내러티브 안에 담긴 신학적인 메시지를 감지하고 해석해야 하는가? 내러티브 비평의 원칙들과 내러티브 신학이 신약성경 안의 다른 책들보다 더 많이 사도행전에 영향을 주고 있음을 감안하는 가운데, 필자는 이 서론을 통해서 사도행전의 연설들, 사도행전의 기록 목적, 사도행전의 전체 구조, 중요 주제들, 그리고 이 책의 배경에 관한 몇 가지 중요한 요인들을 논의하고자 한다.

사도행전의 연설(설교)들

사도행전의 내러티브 곳곳에 스며들어 있는 연설들은 분명하게 복음적이며 또한 교훈적이다. 그것 자체 안에 가르침이 있지만 이 연설을 둘러싸고 있는 내러티브와 따로 떼어서 연구되어서는 안된다. 복음서에서처럼 가르침과 사건이 밀접하게 연결되어 있지 않다 하더라도 사도행전에 나와 있는 연설들은 내러티브의 구조 안에서 이해되도록 의도되었으며 고립된 연설문이 되어서는 안된다. 바꿔 말하자면 사도행전의 연설들은 내러티브를 보조하는 주석이 될 필요는 없지만, 이것들은 분명하게 이 내러티브의 목적과 방향 그리고 의미를 이해하는 데 도움을 줄 수는 있다.

사도행전의 목적

내러티브를 담고 있는 글들은 이들의 목적을 생각하고 읽을 때 더 잘 이해가 된다. 그러나 바로 이점에서 사도행전의 독자들은 모순을 발견한다. 그 이유는 사도행전의 목적이 복음서나 서신서들처럼 분명하게 드러나지 않기 때문이다. 사도행전의 말씀이 어떤 이름들이나 연대들을 다시 되풀이 할 목적으로 단순하게 쓰인 것은 분명 아닐 것이다. 종교적인 목적을 위한 내러티브는 단순히 감동과 감흥을 주기 위해서 사용될 수 있다. 고대의 저작 가운데 "인생"을 다룬 어떤 작품들은 이런 경향을 잘 드러내고 있으며, 몇몇 묵시적 작품들도 비슷한 성격을 내포하고 있는 것이 사실이다. 그러나 사도행전은 이러한 수준을 분명하게 뛰어넘고 있다. 그렇기 때문에 사도행전의 목적에 대한 탐구는 매우 값어치 있는 작업이다. 비록 우리가 사도행전이 가지고 있는 단 하나의 목적을 확실히 정의할 수 없다 할지라도, 이 시도 자체는 적어도 이 글의 부수적인 목적들을 구별하는 데 도움을 줄 수 있을 것이다. 또한 이러한 부수적 목적들은 사도행전의 해석에 있어서 중요한 자리를 차지하고 있다.

사도행전의 구조

사도행전의 문학적 구조에는 몇 가지 중요한 부분들이 있다. 사도행전은 교회사의 중요한 변환기에 복음의 전파와 함께 계속해서 확장되어 가는 독자층을 대상으로 하고 있다. 복음의 전파는 예루살렘 교회로부터 시작하여 로마까지 진행된다. 장면과 사건들의 단순한 연속들 이상의 의미를 가진 이러한 변환들이 내러티브에서 발견되어진다. 문장의 결정적인 부분에서 반복되는 요약적 진술들은 해석에 중요한 단서를 제공하는 구조를 제공한다. 베드로와 바울의 이중 초점은 그것 자체로 사도행전의 글 전체의 형태를 생성하고 있다. 사도행전에 나타난 중요한 문학적인 구조 가운데 하나는 이 책이 다양한 장면과 사건을 위해서 공간들의 배치에 힘을 쓰고 있다는 점이다. 사도행전 3장과 4장에서 제자들이 예루살렘의 권세자들과 갖는 비교적 짧은 시간의 대면이 한 예가 될 수 있다. 누가는 15장 전체에서 예루살렘 공의회의 일을 세밀하게 묘사하는 데 정성을 기울이고 있지만, 다른 많은 사도들의 활약과 바울의 동역자들에 대한 이야기를 그의 기록에서 생략하고 있다. 반면 많은 지면이 바울의 선교여정의 기술에 할애되어지고 있으며, 사도행전의 후반부에서는 주로 그의 재판과정을 서술하고 있다. 이러한 사실에 근거하여서 사도행전이 바울을 위한 변호 혹은 기독교회의 정통성 및 선교를 위한 목적을 위해서 기록되었다는 주장이 새롭게 떠오르고 있다.[1)]

사도행전의 중심 주제

몇 가지 주제들이 사도행전에서 주목된다. 이들은 여러 가지 면에서 해석자들에게 유용하다. 그러나 해석자들은 이들을 조심스럽게 다루어야 한다. 여기에 두 가지 조심할 부분이 있다. 첫째 개별적인 주제가 가장 중요한 주제나 혹은 중심 주제에 대한 지시등이 될 필요는 없다. 이 말은 한 책에서 유력한 주제를 파악하는 것이 이 책의 신학적 핵심을 파악하는 것과 동일하지 않다는 것을 의미한다. 조심해야 할 다른 부분은 한 주제를 그 책의 목적에 맞도록 변형시키는 것이다.

---

1) 예를 들자면, N. T. Wright, *The New Testament and the People of God* (Minneapolis: Fortress, 1992), 376-77. 또한 여기에 대해서 Sterling이 심도 있게 논의하였다: G. E. Sterling, *Historiography and Self-Definition: Josephus, Luke-Acts, and Apologetic Historiography*, NovTSup 64 (Leiden: Brill, 1992).

사도행전의 배경

성경의 내러티브에 대한 해석에서 배경 지식의 역할에 대해서 의견이 분분하다. 비록 내러티브가 스스로 참고할 수 있는 언급들을 포함하고 있는 자급(self-contained)된 텍스트로 읽혀져야 하지만, 성경의 내러티브에서는 등장인물, 사건, 그리고 생각이 "실제(real)" 시간과 역사 안에서 일어났으므로 그 시대로부터 따로 떼어내서는 안된다. 사도행전의 근원적 배경은 매우 중요하기 때문에 이것은 연속된 간행물의 한 제목으로 여겨질 정도이다: 주후 1세기를 배경으로 한 사도들의 이야기(The Book of Acts in Its First Century Setting). 이 책의 후편은 아마도, 그레코-로만 사회를 배경으로 한 사도들의 이야기(*The Book of Acts in Its Graeco-Roman Setting*)가 될 것이며, 이는 우리가 흔히 말하는 배경(사)을 다루는 데 매우 중요한 역할을 할 것이다.[2)]

사도행전의 역사성

사도행전이 역사적 문서임에도 불구하고 이 책의 역사성에 대해서는 오래전부터 논의가 되어져왔다. 초기의 논쟁은 Wiliam M. Ramsay의 세부적 언급과 연구를 기초로 하여 누가복음의 역사적 정확성을 지지하는 가운데 진행되었다.[3)] 그러나 많은 학자들이 Ramsay의 증거를 무시하고 역사와 지리보다는 다른 관점을 따라 사도행전을 비평하였으며, 이로 인하여 누가가 쓴 저작의 역사성을 지지하는 사람들도 흔들리게 되었다. 누가 저작

---

2) D. W. J. Gill and C. Gempf, eds. (Grand Rapids: Eerdmans, 1994; Carlisle, England: Paternoster, 1994).

3) W. W. Gasque, Sir William M. Ramsay, *Archaeologist and New Testament scholar* (Grand Rapids: Baker, 1966) 을 보라.

의 진정성에 대해서 가장 자주 제기되는 논쟁은 아마도 사도행전에서 그려지는 바울의 모습에 기인할 것이다. 이를테면 사도행전에서 그려지는 바울과 서신서의 바울의 모습이 차이가 있다는 점, 사도행전에서 바울의 편지가 언급되고 있지 않는 점, 그리고 사도행전에서는 바울 서신에서 중요하게 다루고 있는 주제들이 도외시되고 있다는 점이다.

사도행전에 나타난 사건들의 역사성이 어떤 부분에서 적절한 주의를 요구하지만, 우리의 연구는 이 문제를 깊게 다루지 않을 것이다. 몇몇의 저작들은 사도행전의 진정성에 대하여 다양한 견해를 소개하는 가운데 긍정적인 입장을 취하고 있다: Colin J. Hemer, *The Book of Acts in the Setting of Hellenistic History*;[4] Martin Hengel, *Acts and the History of Earliest Christianity*;[5] I. Howard Marshall, *Luke: Historian and Theologian*.[6] 또한 F. F. Bruce도 "역사가로서 누가"라는 간결한 장을 할애하여서 이 주제를 다루었다(*The Acts of the Apostle: The Greek Text with Introduction and Commentary*).[7] 사도행전의 역사성을 비평(부정)적으로 다룬 가장 중요한 저작은 W. W. Gasque 가 쓴 *A History of the Interpretation of the Acts of the Apostles* 이다.[8]

사도행전의 장르

사도행전의 문학적 기능과 양식에 대한 중요성이 계속해서 부각되고 있다. 어떤 문학작품이 사도행전의 모델이 되었을까? 1980년대의 빈번한 질

4) Ed. Conrad H. Gempf, WUNT 49 (Tübingen: Mohr-Siebeck, 1989; reprint, Winora Lake, Ind.: Eisenbrauns, 1990).

5) Philadelphia: Fortress, 1980.

6) Grand Rapids: Zondervan, 1970, 1989.

7) 3rd rev. and enl. ed. (Grand Rapids: Eerdmans; Leicester, England: Apollos, 1990), 27-34.

8) Peabody, Mass.: Hendrickson, 1989.

문 가운데 하나는 고대의 어떤 소설이 사도행전의 서술적 틀을 제공하고 있었는지에 대한 것이었다.[9] 적지 않은 학자들이 고대의 저술과 이것이 속한 장르에 대한 식견 있는 통찰들을 내어놓았다. 어떤 학자들은 사도행전 전체를 포괄하여 선행적으로 가능한 문학적 형태를 시험해 보았고, 어떤 이들은 사도행전의 설교와 같은 특정한 부분만을 따로 떼어서 연구하였다.

앞에서 언급한 연속 간행물 중 첫 권(The Book of Acts in Its First Century Setting)이 이 주제에 상응하는 요소들을 함유하고 있다.[10] 이러한 주제에 대한 연구는 중요한 가치를 가진 것으로, 이 책의 처음 세 장들은 특별히 장르에 관해 다루고 있다. 그리고 13장은 현대의 문학적인 접근방식에 대해서 논하고 있다. 이 가운데 사도행전의 장르와 관련하여 중요한 기여를 할 수 있는 부분은 이야기 서술에 관하여 이 책이 내린 높은 문학적 평가이다. 실제적으로 사람들은 누가가 사도행전을 기술하면서 건전한 주석가들이 의식하였던 것보다 훨씬 더 많은 독자들의 시선을 염두에 두고 있었음을 깨달아야 한다. 사도행전의 사건들은 주의를 끌 것이 자명하며, 독자들은 계속해서 이어지는 연설들을 통해서 복음의 내용이 무엇인지 깨닫게 된다.

사도행전의 본문비평

본문비평 연구의 도입이 사도행전의 몇몇 구절들을 이해하는 데 적절해 보인다. 그러나 사본비평과 관련된 문제는 매우 복잡한 것이며, 이를 다루

9) 예를 들어, R. I. Pervo, *Profit with Delight: The Literary Genre of the Acts of the Apostles* (Philadelphia: Fortress, 1987) and S. M. Praeder, "Luke-Acts and the Ancient Novel", SBLSP 1984 (Chico, Calif.: Scholars Press, 1981), 23-39, 를 보라.

10) Cf. Bruce W. Winter and Andrew D. Clarke, eds., *The Book of Acts in Its Ancient Literary Setting* (Grand Rapids: Eerdmans; Carlisle, England: Paternoster, 1993).

는 것은 이 책의 기본적 의도에서 벗어나 있다. 그러나 사도행전과 관련하여 몇몇의 중요한 사본적 분류들을 이야기하고 넘어가야 한다. 그 중의 하나가 바티칸사본과 시나이사본을 포함하고 있는 알렉산드리아계 사본이다. 다른 한 부류는 주로 베자사본이 중심이 되어 언급되는 서방계(Western) 사본이다. 서방계 사본은 행15:20과 29에 등장하는 사도들의 원칙을 포함하여 몇몇 중요한 구절에서 알렉산드리아계와 다른 계통의 사본들과 일치하지 않는다. 흔히 알려진 비잔틴계의 사본에 나타나는 본문의 형태는 1세기에서 3세기, 즉 초기 사본들에서는 등장하지 않는다. 이는 이 사본이 후대의 것이라는 것을 제시한다. 또한 이 사본은 서로 다른 본문이 사본들 사이에서 존재할 때 본문을 조합(조화)하려는 경향이 있다. 후대에는 이 비잔틴계 사본이 광범위하게 사용되고 있었기 때문에(이 때문에 이 사본을 다수사본(majority)이라 불렀다), 이 사본은 가장 초창기의 그리스어 성경을 인쇄하는 데 사용되어졌고 또한 킹제임스 번역본의 토대이기도 하다. 좋은 주석(가)들은 다루고자 하는 본문들이 사본비평의 문제들을 포함하고 있을 때, 독자들을 이끌어서 이러한 문제들을 논하려고 할 것이다. 그러나 이 책에서는 더 이상 깊게 사본학적 문제들을 다루지 않을 것이다.[11]

해석과 적용

이 책의 목적은 해석(interpretation)의 가이드라인을 제시하는 데 있지, 주해(exegesis) 자체에 있지 않다. 주해의 최종 목표는 해석이다. 때문에 주해는 최종적으로 필요한 해석학적 과정들을 위해서 기초적으로 필요한 본문의 의미(semantics)와 문장구조(syntax)의 요소들을 규명하게 된다. 해석자

11) 계속된 연구를 위해서는 이른바 사도행전의 "서방계" 본문에 대해서 수준 있는 논지가 담긴, F. F. Bruce, *Acts: Greek Text*, 69-80, 을 보라.

들이 간과하지 말아야 할 것은 주해를 위한 기초적인 작업과 해석을 위한 최종적 작업이 중간에 틈이 없이 연속되어야 한다는 사실이다. 이러한 연속성을 확보하기 위해서 무엇을 주의해야 하는지 설명하기 위해 몇 가지 예가 이 책에서 제시될 것이다.

주해와 이것이 가져다주는 열매들은 조심스럽게 적용되어야 한다. 기독인들이 사도행전의 말씀에서 가장 절실하게 요구하는 질문은 "사도행전이 오늘날 나에게 어떤 의미가 있느냐?"이다. 이 질문에 내포된 것은 "사도행전의 말씀들 가운데 규범적(normative)인 것과[12] 서술적(descriptive)인 것을[13] 어떻게 구별할 것인가?"이다. 사도행전을 공부하는 이유가 단지 모방하기 위해서라면, 이는 잘못된 것이다. 간단하게 말하자면 이러한 시도는 지금 우리가 중요하게 다루고 있는 내러티브 신학을 부인하는 것이며, 이렇게 되면 사도행전에는 어떤 신학도 존재할 수 없게 된다. 진실로 신학은 우리의 행동에 영향을 미친다. 무엇보다 우리를 움직여 예배하게 한다. 그러나 신학적 진실이 드러나는 모든 환경이 오늘날에도 동일한 형태로 반복되는 것은 아니다. 그래서 사도행전에서 무엇이 규범적인지 결정하는 것이 중요하다. 우리는 여기에 대해서 적정한 가이드라인을 제시하고자 한다. 신학에 대한 이해, 초대 교회에서 하나님께서 이루신 일들에 대한 경외, 그리고 우리의 예배와 행동과 교회의 규율과 선교의 현장에서 우리를 인도하는 일반적 원리에 대한 지식, 이 모든 것들은 사도행전을 연구하는 가운데 주어지는 선물들이 아닐 수 없다.

---

12) 이것은 모든 기독인들이 적절한 상황에서 따라야 하며 행동해야 하는 양식을 의미한다.
13) 이는 유용하고 감동석이지만 의무적인 성격을 가지지 않은 것을 의미한다.

제1장
사도행전의 목적

책의 용도를 알면 그 책의 내용을 이해하는 데 도움이 된다는 것은 누구나 다 알고 있는 상식이다. 그러므로 어떤 문학적인 작품들에서 난해한 구절들을 만날 때, 그 작품의 전반적인 목적을 떠올리는 것은 이 구절의 명확한 의미를 밝히는 데 도움을 줄 수 있다. 목적이라는 큰 틀 안에서 주어진 단락과 전체를 잇는 관련성은 항상 존재하는 것이다.

그러나 불행하게도 이것이 고대의 저작들에서 언제나 유효한 것은 아니다. 고대의 역사를 다루는 작품들 속에서 내러티브의 목적을 파악하는 작업은 매우 당혹스러운 작업 중의 하나이다. 고대의 역사가들은 자신들만의 고유한 목적을 가지고 역사를 기술했다. 그 목적이 공개적으로 드러나는 경우도 있지만 때로는 모호할 때도 많이 있고, 객관적으로 보이는 인물과 사건이라 할지라도 실제로는 저자의 사물에 대한 관점을 따라 기록된 경우도 비일비재하다.

신약성경에서 사도행전은 다른 책들보다 목적을 밝히기 어려운 책에 속한다. 그 이유는 사도행전의 서술방식인 내러티브에 기인한다. 복음서들은 복음이다. 이 말은 복음서들이 구원자를 선포하기 위해서 쓰였음을 의미한다. 하지만 복음서들마다 동일한 목적을 가진 것은 아니다. 어떤 학자들은 각각의 복음서가 의도된 독자들을 위해서 가상적으로 재구성되어 전달되었다고 주장한다. 이에 비해 서신서들은 좀 더 명확한 목적을 가지고 쓰였다고 말할 수 있으나, 이 책들 사이에서도 각각의 문장 속에서만 확인할 수 있는 다양한 목적들이 존재한다. 예를 들어 로마서는 로마에 있는 교회들이 처한 사회적 상황과 사도바울 자신의 개인적 목적들 그리고 특별한 교리적 관심을 담고 있는 것처럼 보인다.

성경이 포함하고 있는 다양한 종류의 책들 속에서 그 목적을 찾는 것이 수월한 작업이 아니라면, 어떻게 우리는 사도행전과 같이 특별히 어려운 내러티브 안에서 이 책의 목적을 파악할 수 있을까? 목적에 대한 질문은 다만 책 전체에만 국한된 것이 아니라 각각의 세부적인 내용에서도 요청된다. 이에 대한 예로, 사도행전 8장에 등장하고 있는 마술사 시몬에 대한 이야기와 이것을 뒤따르는 에디오피아 내시에 관한 이야기가 어떤 기능을 하는지 우리는 물을 수 있다.

마술사 시몬의 이야기에서 누가의 서술 목적은 영지주의의 유력한 창설자를 소개하기 위함인가? 아니면 마술적 힘을 압도하는 성령의 우월성을 표현하기 위함인가? 아니면 이 이야기는 사도행전의 긴 이야기를 읽어가는 독자들에게 쉼을 주는 심심풀이 땅콩의 역할을 하고 있는 것인가? 혹은 성령을 주려고 예루살렘에서 오는 사도들의 필연적 역할을 보여주기 위함인가? 아니면 사마리아에 복음이 전하여지는 역사와 이 이야기가 매우 밀접하게 연결되어 있으므로 이를 생략하는 것이 역사서술의 오류가 되기 때문인가? 여러 가지 목적을 생각해 볼 수 있다.

에디오피아인의 회심을 서술하고 있는 두 번째 사건은 팔레스타인의 토속민을 넘어서 확장되어 나가는 복음전파를 표면적으로 묘사하고 있다. 이 사건 이후에는 두 장의 긴 지면을 할애하여 고넬료의 회심이 등장한다. 과연 이방인의 복음전파에 대하여 이 두 개의 이야기가 꼭 필요한지 우리는 따져보아야 한다. 혹시 교리적인 필요로 이 이야기가 첨가된 것일지도 모른다. 이 이야기에 등장하는 이사야 53:7-8의 인용은 초기 기독인들의 설교에서 구약성경이 가진 기능을 제시하고 있다고 볼 수 있다. 아마도 유대교에서 종교적으로 금하고 있는 내시의 개종을 서술하는 것은 이후에 등장하는 고넬료의 회심을 독자들이 받아드리도록 준비하려는 의도로도 볼 수도 있다.

위에서 제시한 의도들과 혹은 언급하지 않은 다른 가능성 있는 의도들도 틀렸다고 볼 수 없다. 각각의 이야기가 가진 가치에 대하여 판단할 권리와 책임이 사도행전을 읽는 독자들에게 있기 때문이다. 그러나 만약 우리가 이 글 전체를 누가가 어떤 이유로 기술하고 있는지 알 수 있다면, 예를 들어 앞의 두 가지 이야기를 포함하여서 서술의 목적을 밝힐 수 있다면, 이를 통해 독자들에게 돌아올 유익들은 더 분명해질 것이다.

목적의 결정

상기한 문제들을 풀기 위해서 어떤 방법론이 사도행전의 가장 근접한 목적을 밝히기 위해 쓰일 수 있는가?

1. 머리말을 분석하라

내러티브의 작자는 그 글을 쓰는 목적을 서두에서 제공할 수 있다. 사도행전의 경우는 이 책이 누가복음과 연결되어 있기 때문에 약간 복잡한 것이 사실이다. 그러나 저자는 사도행전의 서언에서 또 다른 목적을 말하려 하기 보다는 두 책 간의 연속성을 말하고자 하였다. 이런 이유로 첫 번째 책, 곧 누가복음의 서론이 사도행전에 미치는 영향은 매우 중요하게 취급되어야 한다.

누가가 이 두 책에 있어서 어떤 계획을 가져야 했다는 점은 자명하다. 그 당시의 필기재료였던 파피루스는 그 형태상 글을 쓰는 데 있어서 제한을 가지고 있었다. 누가와 동시대에 활동했던 요세푸스도 이와 비슷하게 두 책을 저술하였다. 요세푸스는 두 번째 책의 개요에서 분명하게 이 두 책이 가진 분명한 목적을 밝혔다. 각각의 책에 있어서 요세푸스의 목적은 서로 구별되었지만 이들은 공통의 목적을 가지고 있었다.[14] 이 같은 사실이 말해주는 바는 어떤 한 저자가 의도적으로 두 책을 묶어서 한 저술을 할 수 있을 뿐 아니라 더 나아가 두 책이 각각 서로 다르지만 연결되어 있는 한 목적을 가질 수도 있다는 점이다. 직접적인 목적에 대한 진술이 사도행전에 없는 것으로 미루어 볼 때 아마도 누가복음의 서론에 나타난 목적이 사도행전에 적용되고 있다고 우리는 추측할 수 있다.

그러면 오직 눅1:1-4으로부터 사도행전의 목적에 관하여 신빙성 있는 결정이 내려질 수 있는가? 우리는 종종 누가가 직접적으로 연결하려고 하는 사건들의 정보에 대해서 목격자들을 양심적으로 사용하고 있음을 자기 스스로 주장하고 있다는 것과 또한 그 배열의 형태들을 매우 세심하게 이어가고 있다는 것을 관찰할 수 있다. 그러나 누가의 역사 기술의 정확성에 대하여 사람들이 어떤 판단을 내린다 할지라도, 우선 누가 자신이 단지 역사적 신빙성을 제시하는 것만을 목적으로 사도행전을 쓰지 않았다고 보는 것이 우리에게는 매우 유용하다. 그러나 이런 기술 목적의 단면적 이해만 가지고는 역사적 사실에 기초를 둔 사도행전의 내러티브가 어떤 역할을 하는지 충분하게 설명할 수 없다. 또한 더 나아가서 왜 누가복음과 사도행전이 이런 측면에서 서로 다른 성격을 가지고 있는지도 설명하지 못한다.

누가는 그가 기술하려고 하는 사건에 대해서 "우리들 가운데 이루어진 사실"이라고 설명하였다(눅1:1). 누가복음의 주제들 가운데 하나는 바로 이 성취에 관한 것이며,[15] 이것은 구약 예언의 성취를 포함하고 있다. 예

14) Josephus *Against Apion* 2.1.

15) J. A. Fitzmyer, *The Gospel According to Luke (I-IX)*, AB 28 (Garden City, N.Y.: Doubleday, 1981) 171-92; N. T. Wright, *The New Testament and the People of God* (Minneapolis: Fortress, 1992), 378-84.

수께서는 이사야 선지자의 말씀(사61:1-2)을 나사렛 회당에서 읽으신 후에 이것이 그들 가운데 성취되었다고 말씀하셨다. 누가는 또한 즉각(현재)적인 계획들의 성취도 말하고자 하였다. 그래서 아기 예수님을 떠나는 목자들은 이것이 "그들에게 말하여진 바와 같이" 되어졌다고 언급하였다(눅2:20). 예수님의 승리의 입성을 준비하기 위해서 나귀를 예비하러 가는 제자들도 이것이 "그가(예수님) 그들에게 말한 바대로" 되었음을 발견하였다. 이에 대하여 다른 복음서는 표현을 달리한다. 누가복음에서 반복되어지는 관용구인 "이것이 필요하다(2:49; 4:43; 13:33)"는 하나님께서 계획하신 일들이 완성적으로 성취되고 있음을 독자들에게 환기시키고 있다. 누가복음의 서론에서 나타나는 "성취되다(accomplished)"의 의미는 "수행/완성되다(fulfilled)"와 같은 뜻을 의미하지 않으며, 또한 흔히 사람들이 생각하는 대로 "완료되다(done)"나 "일어났다(occurred)"를 의미하지 않는다. 여기에는 단순한 역사적인 사건 위의 또 다른 차원이 존재한다. 복음의 가장 첫 부분에서 누가는 예수님과 그의 제자들을 기다리고 있는 운명이 있음을 명확하게 전달하고 있다. 또한 여기에는 이 운명을 예견하고 섭리하는 하나님의 능력이 존재한다. 이 운명이 여전히 사도행전에서도 영향력을 미치고 있음은 부인하기 어려운 사실이다. 무엇보다도 사건들은 "예수님이 행하심과 가르치심을 시작하신 것(행1:1)"을 연결하여 기술되고 있다. 그러므로 이 서언은 누가가 그리스도의 삶과 초대교회 안에서 펼쳐지는 하나님의 계획을 나타내기 위해서 글을 쓰고 있었음을 제시하고 있는 것이다.

만약 이것이 서론의 내용과 내러티브의 주제에서 파악할 수 있는 사도행전의 암묵적인 목적이라면 누가복음의 서론이 가지고 있는 결론은 명시적인 어떤 한 목적을 우리에게 제공할 수 있다: 데오빌로는 그가 가르침을 받은 것들에 대해서 "확실히 알아야 했다"(눅1:4). 이 목적은 처음에는 사도행전보다는 누가복음의 내용에 더 적합해 보인다. 그러나 히브리서의 말씀은 이 목적이 또한 사도행전에도 적용될 수 있다는 단서를 제공한다: "이 구원은 처음에 주로 말씀하신 바요 들은 자들이 우리에게 확증한 바니 하나님도 표적들과 기사들과 여러 가지 능력과 및 자기 뜻을 따라 성령의 나눠 주신 것으로써 저희와 함께 증거하셨느니라"(히2:3b-4). "표적과 기사"라는 단어는 사도행전에서 아홉 차례 등장한다(2:19, 22, 43; 5:12, 6:8; 7:36; 14:3, 15:12). 누가는 복음서에서 기록된 예수님의 기적들을 통해서만 아니라 사도행전의 기록을 통해서도 하나님의 구원이 참으로 확증적임을 반복적으로 강력하게 제시하고 있다. 여기에 더하여 사도행전에 기록된 이방인들의 회심은[16] 혹시 이방인일지도 모르는 데오빌로를 고무하여서 진리에 대하여 더욱 견고하게 되도록 하였을 가능성이 크다.

2. 역사적 독자들과 내포된 독자들을 식별하라

"이 글의 목적이 무엇이냐?"에 대하여서 추측적이지만 그러나 잠재적으로 유용한 방법은 이 글의 독자들의 모습을 밝히는 것이다. 이것은 여러 가지 방법을 통해서 가능하다.

(a) 우리는 저자를 한 지리적인 영역에 위치시킬 수 있다. 이것은 그와 그의 출신, 그가 속한 그룹에 대한 추측, 곧 어느 공동체를 위해 그의 작업이 준비되고 있었는지 등을 통해서 이루어진다. 예를 들어 누가를 수리아에 위치한 안디옥 출신이며 그가 거기 있는 사람들과 계속해서 접촉하고 있었던 인물로 가정한다면, 당연히 이 책은 거기 있는 공동체를 위하여 썼다고 생각해 볼 수 있는 것이다.

---

16) H. C. Kee, *Good News to the Ends of the Earth: The Theology of Acts* (London: SCM; Philadelphia: Trinity Press International, 1990), 특별히 42-69, 95-107.

(b) 우리는 독자들을 본문 안에서 찾아볼 수 있다. 그러면 본문을 통해서 귀납적으로 결정될 수 있는 독자들에 대한 언급들이 과연 존재하는가?[17] 또한 저자가 독자들에 대해서 밝히고 있다는 어떠한 단서들이 제공되고 있는가? 이러한 언급들과 단서들은 저자와 독자들을 공통적으로 포함할 수도 있지만 오직 독자들만을 규정짓는 특징이 될 수도 있다. 내러티브 보다는 서신서에서 이러한 논점들은 결정하기 더 어렵다.

사도행전의 서론은 누가복음의 서론과 함께 데오빌로를 주된 독자로 지목하고 있다. 그러나 데오빌로가 대표할 수 있는 것보다 더 넓은 독자층이 있을 수는 없는가? 데오빌로(Theophilos)는 그리스어에서 온 이름이다. 그렇기 때문에 이 이름은 헬라화 한 유대인의 가정에서 태어난 사람을 지칭하거나 혹은 이방인을 폭넓게 가리킬 수 있다. 데오빌로는 복음에 대해서 약간의 지식이 있는 사람이었다. 눅1:4은 데오빌로가 이미 이전에 들었던 것, 곧 그들 가운데 성취되고 완성된 일들에 대해서 "확신(assurance)"을 갖도록 이 글이 기록되고 있음을 말한다. 이런 점을 감안한다면 누가복음에서 특징적으로 자주 언급되는 그리스도의 운명의 도시로서 예루살렘(눅 9:31, 51; 13:22, 33; 17:11; 18:31; 19:11, 28, 41)과 사도행전에서 자주 언급되는 바울의 바리새적 정통성에 대한 변호(행 22:3; 23:6; 26:4-5)가 서로 짝을 이루어서 이 책의 수신자가 유대인임을 제시하고 있다고 우리는 생각할 수도 있다. 다른 한 편으로는 이방인들과 특별히 하나님을 두려워하며 경건한 사람들, 예를 들면 누가복음(7:4-9)과 사도행전(행 10:1-2, 22)에 등장하는 백부장에 대한 묘사는 이방인들과 하나님을 두려워하는 경건한 사람들을 우리에게 독자로 제시할 수 있다. 고넬료가 단지 이방인이거나 혹은 모든 비유대인들의 상징이기 때문이 아니라 유대교의 민족적 그리고 신학적인 신념들에 대해서 동의하고 있기 때문에 누가가

---

17) 이 질문에 대해서는 M. A. Powell, *What is Narrative Criticism?* GBSNTS (Minneapolis: Fortress, 1990) 를 보라.

그를 소개하고 있다면, 그의 회심에 대해서 말하고 있는 두 개의 장은 "경건한 사람들(God-fearers)"에 대해서 특별한 관심을 가지고 있거나 혹은 이들과 실제적인 관련이 있는 사람들을 독자로 겨냥해서 쓰였다고 볼 수 있다. 또한 신학적인 이유를 배제하고라도 사도 바울이 복음을 전한 모든 도시에서 회당을 방문하고 있다는 누가의 반복적인 지적은 회당에서의 예배에 매료되어 있는 하나님을 경외하는 이방인들을 감화시키려 하는 저자의 의도를 관찰할 수 있게 한다.

글의 목적과 내포되어 있는 독자들이 서로 연결되어 있다. 그렇기 때문에 우리는 이 두 가지 요소들에 함께 영향을 미치는 또 다른 특징을 살펴보아야 한다. 기독교가 유대주의에도 그 근원을 두고 있으며, 이것을 확장시키고 있으며 이것과 대립하고 있지 않다는 것을 입증하려는 누가의 시도와 이방인 전도에 대한 그의 강한 강조 사이에는 분명한 모순이 있다. 누가가 이 책에서 염두하고 있는 목적은 그러므로 모순적인가?

3. 줄거리(plot)를 따라가라

내러티브의 목적을 결정하는 세 번째 방법은 줄거리를 조심스럽게 따라가는 것이다. 이것은 (a) 상승과 하강의 패턴과 함께 줄거리의 모양에 대한 관찰, (b) 사람들에게 하는 언급(특별히 대화와 선언)의 빈도와 성격에 대한 관찰, (c) 지형적 명칭의 중요성에 대한 관찰, (d) 의미의 패턴과 단어의 빈도에 대한 관찰을 포함한다. 사도행전의 초반부에서 이것을 나타내는 몇 가지 예를 관찰할 수 있다.

첫 장에서, 미래에 대한 제자들의 질문에 대한 대답은 단지 그들의 사명에 대하여 지시할 뿐만 아니라 독자들이 사도행전에서 전개되기를 고대하는 것들의 전략과 과정도 또한 제공하고 있는 것으로 보인다. 그리하여 사도행전은 이러한 계획된 사명이 완수되어 가는 과정을 묘사하기 위해 기록되었다고 결론지을 수 있다. 그러나 사실 사도행전은 제자들이 땅 끝에 이르기 훨씬 이전, 사도 바울의 투옥과 함께 끝이 난다.

오순절 때 행한 사도 베드로의 설교는 성령 강림과 동반하여 일어나는 현상의 중요성에 대해서 설명하고 있다. 욜2:28-32(칠십인역, 3:1-5)에서 표현되고 있는 이 중요성은 교회의 예언과 하늘의 전조들(heavenly portents)과 그리고 구원의 보편적 유효성에 연결되어 있다. 베드로의 설교는 십자가와 부활, 그리고 그리스도의 승귀에 담겨져 있는 하나님의 계획을 확증하기 위하여 진행된다. 그 마지막에는 회개에 대한 요청이 있다(2:38-40). 베드로의 설교를 여기에 포함시키므로 누가는 누가복음과 사도행전에서 매우 근본적인 구원에 대한 주제를 도입할 수 있게 되었다. 또한 사도행전에서 중요한 또 다른 주제들도 이 설교를 통해서 분명히 열리게 되었다.

3장과 4장에서는 복음의 옹호자들(protagonists)과 또한 반대자들(antagonists) 모두에게서 말하여지는 것처럼 부활하시고 승천하신 그리스도의 이름의 중요성과 능력이(3:6, 16; 4:7, 10, 12, 17, 18, 30) 확증되고 있다. 특히 4:12에서 그리스도의 이름은 구원과 짝을 이루어 서술되고 있으며, 이는 구원을 서술하는 누가의 신학에서 이것이 가진 중요성을 다시금 부각시키는 것이다. 그리스도의 이름은 사도행전 전체를 압도하는 주제이며 이것은 3장과 4장에만 제한 될 수 없다: 2:21, 38; 5:28, 40, 41; 8:12, 16; 9:14, 15, 16, 21, 27, 28; 10:43, 48; 15:17, 26; 16:18; 19:5, 13, 17; 21:13; 22:16; 26:9. 그러면 이러한 점이 사도행전의 목적에서 기독론의 중요성을 부각시키고 있는 것인가? 아니면 이것은 신약성경에서 일반적으로 나타나는 경향인가?

5장은 몇 가지 기적적인 사건들을 묘사하고 있으며, 박해를 무릅쓰고 그리스도를 전도하는 일에 대한 고무적인 진술로 결론을 맺는다. 이 부분은 매우 중요하며, 동시에 제자들이 가진 사명의 목적을 설명하고 있다.

그러나 사도행전 전체의 포괄적인 목적이 박해를 통해서 진행 발전되고 있는지 물어야 한다. 헬라파 유대 과부들의 구제에 대한 이야기와 6장과 7장에 묘사된 스데반의 설교와 순교는 매우 중요한 부분이다. 헬라파 유대인에게 주어지는 관심은 사도행전의 전개과정의 연속들(series) 중의 한 부분이다; 여기서 스데반의 설교와 순교는 초대교회와 유대인들 사이의 긴장의 한 부분으로서 중요한 역할을 하고 있다.

비록 5장에서 7장 사이에서 사도행전의 포괄적인 목적을 제시할 수 있는 이렇다 할 패턴이 존재하지는 않지만 스테반의 순교를 즉각적으로 뒤따르는 진술이 이것을 대신하고 있다고 볼 수 있다. 첫째, 누가는 사울이 거기 있었다고 증언하며, 이는 의심할 여지없이 중요한 것이다. 둘째로 새로운 박해가 일어났고, 그 뒤를 "흩어진 이들이 가는 곳마다 복음을 전하게 되었다(8:4)" 는 진술이 잇는다. 이 단락까지 사도행전 5:41-42에서 비롯된 박해와 복음전파에 대한 주제가 지속되고 있으며, 이들은 예수님께서 행1:8에서 말씀하신 계획된 진술을 상기시키고 있다. 그러므로 우리는 여기서 예수님께서 명령하신 복음사역의 진행이 세밀하게 펼쳐지고 있음을 발견하게 되는 것이다. 바울의 회심과 그 후의 전도여행은 분명하게 이러한 주제를 담고 있다. 그렇다면 이것이 전체의 책을 위한 주제를 세우는데 충분한 것인가?[18] 아니면 우리는 이 시점에서 이야기의 전개가 책 전체의 주제를 결정하는데 충분한 증거를 제시하지 못하다고 결론 내려야 하는가?

4. 결론을 파악하라

내러티브의 서론과 첫 장을 살펴보는 것과 아울러 우리는 사도행전의 결론을 담고 있는 장들도 살펴보아야 한다. 누가는 바울의 심판과정에 대해서 많은 장을 할애하여 공을 들이고 있다. 파피루스는 당시에 값싼 재료가

18) 여기에 대해서는 다시 H. C. Kee, *Good News to the Ends of the Earth* 를 보라.

아니었으며 그 두루마리의 기입용량도 한계가 있었다. 이를 감안해 볼 때 누가가 바울의 심판 과정을 그렇게 상세하게 기록할 필요가 있었는지 묻지 않을 수 없다. 바울의 재판과 모든 복음서들의 끝에 등장하는 예수님의 재판은 평행적으로 쓰였다. 이들은 예수님과 바울의 무죄성에 대하여 무언가 일괄적으로 말하도록 의도되고 있지는 않은가? 각각의 재판 가운데서 기소된 자들을 대하는 로마 권세자들의 태도를 통해서 누가는 어떤 메시지를 전하려 하고 있는가? 바울에 대한 변호는 무엇인가?

앞의 질문들은 기독교 전체에 대한 변호로 확장하여 적용될 수 있는 것들이다. 이 재판의 과정이 어떤 의미에서 기독교를 정당화하기 위해서 의도되었는가? 이 과정은 로마 제국의 적법한 종교로서 기독교를 위한 하나의 변증인가? 아니면 이를 넘어서 여기에는 초대교회와 유대교에 대한 어떤 메시지가 숨어 있는 것인가? 바울은 벨릭스 앞에서 "나는 율법이 동의하는 모든 것들과 선지자들의 글에 기록된 모든 것을 믿는다"(행24:14) 확증하였고 베스도 앞에서 "나는 유대인들의 율법과 성전과 또한 황제를 반대하는 아무런 잘못된 행위를 하지 않았다"(행25:8) 말하였다.

사도행전의 제일 마지막 장에서 자주 간과되어지는 또 다른 중요한 상호작용이 있다. 이것은 재판의 반복이다. 로마에서 바울은 유대인들의 지도자들을 불러 모았다. 그는 계속해서 그의 무죄를 주장하고 있다. "나는 나의 민족과 내 조상들의 전통을 대항하는 아무 행위도 하지 않았다" 말하는 가운데 바울은 그의 재판에 대해서 변호하였다. 유대인들은 바울의 변론을 더 듣기 위해서 날을 연장하였다. 온종일 걸렸던 바울의 변론은 유대인으로부터 아무런 동의를 얻지 못하였고, 바울은 여기서 이사야 6:9과 10을 인용하였다. "이 사람들에게 가서 말하라, 너희가 듣기는 들어도 도무지 이해하지 못할 것이요, 이는 이 백성의 마음이 굳어졌기 때문이다." 그는 결론적으로, "그러므로 내가 너로 알게 하노니 하나님의 구원이 이방인에게로 갔으며, 그들은 들을 것이다"(행28:17-28)

진술하였다.

이렇게 사도행전의 마지막 절 앞의 결론은 유대인에게 초점이 맞추어져 있다. 이후에 몇몇의 관심들이 사도행전에 나타난 하나님의 사람이라는 주제로 향하고 있지만, 여기서는 이 책의 다양한 이야기들과 사건들이 바울의 메시지에 대한 유대인들의 부인과 그의 이방인들을 위한 사역에 집중되는 것처럼 보인다. 이러한 마지막을 감안해 볼 때 사도행전 전체가 이러한 상황을 설명하기 위해서 기록되어졌다고 우리는 추론할 수 있을까? 사실 이것은 사실 사도행전에서 서술되는 사건들의 숙명적인 결과에 해당한다. 그러나 이 또한 단편적인 목적은 제시할 수 있으나 사도행전에 기록된 다양한 사건들의 기록들을 포괄적으로 함의할 수 있는 목적이 되지는 못할 것이다.

사도행전의 마지막 문장은 한 걸음 더 나아간다: "그가 담대히 하나님 나라를 전파하며 주 예수 그리스도에 관한 것을 가르치되 금하는 사람이 없었더라". 원문을 보자면 그리스어 성경에는 "방해 없이(ἀκωλύτως)"라는 부사가 제일 마지막에 위치한다.[19] 이 단어가 우리를 사도행전의 목적에 더 가까이 접근하게 할 수 있는가? 특별히 유대인들에 의한 불신과 반대에도 불구하고 복음이 세상 끝까지 전진하고 있음을 누가는 왜 우리에게 보여주고 있는가? 이것은 교회의 사명 가운데 드러나는 하나님의 주권에 대한 명시인가?

---

19) 역자 주: 그리스어 "아콜뤼토스(ἀκωλύτως)"는 "방해 없이" 라는 뜻의 부사어이다. 저자는 사도행전의 마지막을 장식하는 단어가 "방해 없이" 라는 것에 주목하고 있다. 사실 문장의 구조에서 맨 마지막에 이 부사를 위치시킨 것은 구문론적으로 예외적이며 이 책의 저자인 누가가 의도적으로 배치하여 단어의 위치적 효과를 유도한 것처럼 보인다. 어떤 다른 사본들에서는 "아멘"을 추가하고 있기도 하지만 이 사본들의 경중을 따져볼 때 중요하게 취급될 수 없다. 원문을 그대로 살려 번역하기 위해서는 30절을 31절과 따로 떼어서 생각할 수 없으며, 마지막 단어의 의미를 잘 살려서 번역하자면 다음과 같다: 바울은 2년 동안 하나님의 나라를 전하고 예수 그리스도에 대하여 가르치기를 모든 확신함으로 **아무 방해 없이** 하였다.

5. 문학적 특징들을 고려하라

사도행전의 문학적 특징들을 통해서 추측할 수 있는 독자들이 있는가? 사도행전의 어떤 부분들은 흥미를 유발한다. 고대 소설들에 사용되고 있는 문학적인 방식들이 사도행전에서도 사용되고 있는 것이 사실이다. 그러나 이점이 사도행전의 역사적 실제성을 부인하는 한 요인이 된다고 생각할 필요는 없다. 적어도 어떤 부분에서 누가는 그리스어를 읽을 수 있는 이방인 독자들을 염두에 두었다. 그는 사도행전의 매혹적인 이야기들을 통해서 이 글의 독자들이 복음을 배울 수 있도록 소원하였을 것이다. 빈번히 등장하는 논쟁들과, 여행의 기록, 난파선의 이야기 등등의 것들은 다양한 독자층들을 확보하는데 매우 유용한 방법이었을 것이다. 바로 이런 점에서 다소 주관적으로 관찰되는 사도행전의 문학적 특징에 대한 파악이 신학적 고찰에 비하여서 등한시 되어서는 안된다.

사도행전은 내러티브를 통해서만 쓰이지 않았다. 연설들도 사도행전의 주된 부분을 차지하고 있다. 그리고 이 연설들은 복음적인 메시지뿐만 아니라 중요한 신학도 전달하고 있다. 두 설교만 특별히 살펴보자면, 산헤드린 앞에서 한 스데반의 설교와 에베소서의 장로들 앞에서 한 바울의 설교는 ‘이야기(story telling)’나 단순한 ‘역사적 서술(historical narration)’이라는 장르에서는 다루기 힘든 중요한 문제를 다루고 있다. 사도행전의 문학적 스타일은 한 가지 통일된 목적을 지지하기에는 너무 복잡한 구조를 가지고 있다.

6. 중심 주제에 무게를 두라

우리는 사도행전에서 여러 가지 중요한 주제들이 있음을 주지한다. 주제들은 스스로 자기 자신들이 책의 목적임을 드러내지 않는다. 하지만 이러한 주제들을 관찰하면서 얻은 해안들은 글을 쓰는 누가가 중요하게 생각했던 점을 우리에게 알려주는 가운데 그가 향하는 곳에 대하여 우리가 더욱 민감하게 반응하게 한다. 이것을 역으로 말하자면, 중심 주제와 조화를 이루지 않는 어떠한 목적들도 우리는 적합하게 받아드릴 수 없다는 것이다. 그러므로 세 가지 주제들을 예로 들어 설명하자면, 누가의 목적은 첫째, 승귀한 그리스도의 능력 있는 이름과 둘째, 성령님의 능력 있는 사역과 셋째, 성부 하나님의 주권적인 의지와 계획의 능력 있는 효력에 대한 강조와 항상 부합해야 한다.

목적에 대한 이론들

사도행전의 목적에 대한 제안들이 서로 배타적일 필요가 없다. 심지어 어떤 한 부분에서 매우 중심된 목적이 발견된다 할지라도, 부수적인 목적들도 배제할 수 없다.[20]

1. 누가가 단순히 초대교회의 역사적 기록을 제공하기 위해서 사도행전을 기록했다는 견해는 설득력이 약하다. 사도행전을 단순히 역사적 기록이라고 생각하는 것은 사도행전의 서론부분, 유대인들과의 복잡한 관계, 혹은 사도행전이 포함하고 있는 실질적인 설교들을 생각할 때 적합해 보

---

20) 여기에 대해서는 다음의 연구들을 참고하라: R. Maddox, *The Purpose of Luke-Acts*, FRLANT 126 (Göttingen: Vandenhoeck & Ruprecht), reprinted in J. Riches, ed., *Studies of the New Testament and Its World* (Edinburgh: T. & T. Clark, 1985); F. F. Bruce, *The Acts of the Apostles: The Greek Text with Introduction and Commentary*, 3d rev. and enl. ed. (Grand Rapids: Eerdmans; Leicester, England: Apollos, 1990), 21-27; idem, *The Book of the Acts*, rev. ed. NICNT (Grand Rapids: Eerdmans, 1988); see also A. J. Mattill, "The Purpose of Acts: Schneckenburger Reconsidered," in *Apostolic History and the Gospel: Biblical and Historical Essays Presented to F. F. Bruce on His 60th Birthday*, ed. W. W. Gasque and R. P. Martin (Grand Rapids: Eerdmans, 1970), 108-22.

이지 않는다. 그것이 누가의 목적이었다면 누가는 초대교회의 지도자들이나 그들의 행동에 대해서 더 흥미 있는 이야기들을 실어야 했다.

2. 누가는 의식적으로 세밀한 역사적 이야기를 기술하고자 하였다.[21] 누가는 데오빌로에게 그의 가진 믿음의 확실함을 알게 하기 위해서 신실한 보고를 하려고 하였다. Robert Maddox는 이 같은 확신을 주는 것이 기독교 복음과 가르침에 대하여 누가의 기술의 중심에 있다고 보았다.[22] 또한 기독교가 전파되어 가는 과정에서 팔레스타인 기독인들의 기원과 데오빌로가 어디서 이들을 만났던지 이들의 존재에 대한 어떤 연관성이 요청되고 있다. 이러한 연구들은 모두 역사적인(고증적인) 방법을 통해서 수행 되어야 한다.

3. 만약 사도행전이 누가복음의 목적과 밀접하게 관련이 있다면, 우리는 누가가 복음의 전파를 중요한 목적으로 생각했음을 놓치지 말아야 한다. 누가가 취하고 있는 이야기 서술의 방식은 믿음을 가지지 않은 사람들뿐만 아니라 믿음을 이미 소유하고 있는 사람들에게도 흥미를 끌었을 것이다. 설교들은 다양한 형태의 복음을 포함하고 있었다. 또한 이를 듣는 처음 청취자뿐만 아니라 독자들에게도 구원의 효력을 나타내고 있었다. 누가의 저작들에 나타나고 있는 구원의 중요성을 오래전부터 강조하였던 I. Howard Marshall 은 사도행전의 목적을 설명하기 위하여 “예수의 증인”과 “복음의 증인”이라는 용어를 사용하였다.[23]

4. 사도행전은 분명하게 변증적인 중요성을 가진다. 바울을 위한 법정

---

21) F. F. Bruce, *Acts: Greek Text, 27-34*; I. H. Marshall, *Luke: Histroian and Theologian*, (Grand Rapids: Zondervan, 1970, 1989), 20-76, 225-27.

22) *The Purpose of Luke-Acts.*

23) *The Acts of the Apostles* (Sheffield: JSOT Press, 1992), 43-44.

변호를 제공하는 누가의 기술에 대한 이전의 연구들은 희미해졌다. 누가는 여러 가지 법정사건에 대한 기록을 통해서 왜 기독교가 쇠퇴할 수 없는지 대답하고 있는 듯하다. 바울이 경험하는 거듭되는 반대들이 이와 연관하여서 중요하다. 누가는 바울이 가이사에게 상소하지 않았다면 풀리게 될 수 있었음을 묘사할 뿐 아니라, 공식적이던 아니던 다른 소송들에서 놓일 수 있었음을 가슴 아프게 지적하고 있다. 빌립보에서 바울이 투옥되었을 때, 관리들이 그가 로마 시민이라는 것을 알게 되었을 때, 그들로부터 뜻하지 않은 사과를 받는다(행16:35-40). 아가야의 행정관이었던 갈리오는 고린도에서 바울에 대한 소송을 맡지 않겠다고 하였다(행18:12-17)

바울은 여러 번 그가 가르치는 것이 유대교의 가르침과 다름을 주장하였다. 그는 또한 그를 대적하는 유대인들의 송사에 대하여 반박하기를 원하는 친구들의 제안에 대하여 맹세하기도 하였다. 사도행전에는 공격적인 어조와 방어적인 어조가 공존한다. 이들은 하나님께서 그리스도를 확증하셨다는 공격적인 주장에서 시작하여 스데반의 방어(물론 그 안에서 공격적인 흐름이 내재해 있다)를 따라 계속 유지되며, 유대인과 이방인들과의 많은 논쟁들 가운데 바울이 언급한 여러 방어들 사이에서 끝을 맺고, 결국 이사야6:9과 10의 담대한 인용을 통해서 결론에 도달한다.

5. 한 가지 혹은 여러 개의 신학적 이슈를 조명해 보는 것은 누가의 글쓰기에 대하여 적절한 이유를 제공할 수 있다. 이러한 이슈들 가운데 하나는 하나님의 백성의 정체성에 관한 것일지도 모른다.[24] 만약 기독인들의 "길"이 분명한 사실이라면, 이것은 이스라엘에 대해서 무엇을 말하고 있는가? 누가가 유대인들을 향하여서 호의적이었는지 아니면 적대적이었는

24) J. Jervell, *Luke and the People of God* (Minneapolis: Augsburg, 1972); 누가를 신학자이기보다는 역사가로 보는 견해에 대해서는 다음을 보라: P. F. Esler, *Community and Gospel in Luke-Acts: The Social and Political Motivations of Lucan Theology*, SNTSMS 57 (Cambridge: Cambridge University Press, 1987).

지에 대해서는 논쟁적이다. 그러면 믿는 유대인들과 믿는 이방인들의 관계는 어떠하였는가? 이 문제와 관련하여서 어떻게 사도들의 규칙이 예루살렘 공의회의 결정을 따르게 되었는가? 아마도 누가는 이방인들을 향한 바울의 선교사역을 정당화하기 위하여 기독인들에게 글을 썼을지도 모른다. 사도행전의 결론은 바로 이것을 의미하도록 이해될 수 있을 것이다.

6. 사도행전에서 누가가 주로 기독인들의 복음, 사명, 그리고 교회의 삶을 위한 패러다임을 제시하기 위해 글을 썼다고 하는 어떤 암시도 없는 듯하다. 그 대신에 많은 독자들은 자신들이 이 책을 이용하는 방식을 통해서 효과적으로 이것을 추정할 수 있다. 사도행전이 초대 교회의 전통을 이해하는 데 매우 중요한 책이라는 것은 부인할 수 없다. 그러나 누가가 의도적으로 오는 미래의 세대를 위하여 이런 목적으로 글을 썼는지에 대해서는 의문을 표하지 않을 수 없다. 실제적으로 사도행전에는 초대교회의 전통과 조직에 대해서 매우 적은 언급들을 하고 있다. 사도행전에는 분명한 지침들이 있으며, 또한 원칙으로 간주할만한 패턴들이 바울의 선교전략에서 존재하고 있기는 하지만, 무엇보다 중요한 것은 그들의 행위가 성령에 의해서 동기부여가 되어지고 추진력을 얻고 있다는 점이다. 이것은 단순한 사람의 행위가 아니었다. 만약 사도행전이 어떤 패러다임을 제공하고 있다면, 그것은 단지 방법의 영역에 있는 것이 아니라, 목적(우리는 아직까지 세상의 끝에 다다르지 못했다)과 능력의 영역에 관한 것이다. 성령께서는 예수 그리스도께서 시작하신 이 사역을 오늘날까지 계속하고 계신 것이다.

결론

사도행전의 기록 목적을 추적해 가는 과정에서 가장 중요한 것은 여기에 대한 증거들이 매우 많다는 사실을 받아들이는 것이다. 사도행전은 매우 복잡하지만, 이 책의 신학은 풍부하고, 교회의 선교는 멀리 뻗어나가고 있다. 해석자들은 이 책에서 단순하게 드러나는 하나의 지배적인 목적을 발견하는 데 그쳐서는 안된다. 하나의 단순한 목적만 설정하는 것은 이 책이 가진 다른 부수적인 목적들과 다양한 강조들을 모호하게 할 가능성이 충분하다. 누가의 즉각적인 목적이 논쟁과 대립의 시대에 교회를 변호하는 것이었다고 가정하고 또한 하나님의 백성의 정체성에 관한 논쟁거리를 해소하는 가운데 이를 돕고 있다고 생각한다 하더라도, 누가가 데오빌로에 대한 필요와 또한 아마도 이 책을 읽고 있는 많은 독자들을 계속해서 염두에 두지 않았다고 생각할 수는 없다. 사도행전은 믿음의 확신에 있어서 더 깊은 기반을 제공하고 있다. 확실히 하나님의 종들의 희생적인 헌신들과 예수 그리스도의 이름 안에서 성령님의 능력 있는 사역이 이것을 완성하고 있다. 그리고 만약 누가가 이것들을 그의 마음에 두고 있었다고 가정한다면, 그가 또한 어떠한 난관이 있더라도 세상의 끝을 향하여서 끝없이 교회가 나아가도록 동기를 부여하고 있다고 생각하지 않을 이유가 어디 있겠는가?[25)]

사도행전의 목적을 찾는 바로 이 작업이 이 책의 다양함과 거대한 풍요함에 대하여 우리의 눈을 뜨게 하였다. 이 작업은 우리로 하여금 간과하기 쉬웠던 사도행전의 모습과 진실들을 바라보도록 하였다. 하지만 이러한 연구들은 또 다른 중요성을 가지고 있다. 우리가 사도행전의 특정한 단락의 의미들과 중요성을 추적해 가고, 이것을 우리의 삶과 하나님께 예배하는 데 적용하는 동안 자연스럽게 우리는 이상한 길로 빨려들어 가게 된다. 교회의 정책을 계획하는 일에 기독교의 예배를 설계하는 일에, 선교의 전략을 세우는 일에, 아니면 개인의 삶의 지침을 발견하는 일에 사도행

---

25) Marshall은 사도행전의 목적에 관한 몇몇 제안들이 어떻게 그 자신의 이론과 부합하는지 보여주고 있다: *The Acts of the Apostles*, 45-46.

전을 통해서 나아갈 방향을 발견하는 것이 매우 자연스러운 일이 되었다. 교회 역사가들은 초대교회의 "패턴들"에 대한 완전한 집착을 고무했던 다양한 "회복"의 운동들을 지적할 수 있을 것이다. 물론 모든 성경이 진리이며 유익하고, 초대 교회에 일어났던 어떤 것을 언급했던 각각의 구절들이 중요한 것은 사실이다. 그러나 단지 한 구절에 집중하여 생각하는 가운데 성경적인 기독교를 발견해 낸다는 것은 잘못된 것이다. 만약 목적에 대한 연구가 어떤 것을 성취할 수 있다면, 이것은 우리로 하여금 초대 교회를 "지속적으로 그리고 전체적으로 조망할 수 있게" 해야 한다. 이것은 계속해서 우리가 성령과 사도행전의 목적에 반대하는 방향으로 진행하는 것을 막을 것이다. 우리는 개인적으로 혹은 교회적으로 사도행전의 가능한 목적의 방향을 거스르는 어떤 방향으로도 나아가서는 안된다. 이런 원칙 가운데 사도행전의 목적에 대한 연구는, 비록 이것이 완전히 풀리지는 않는다 하더라도, 이 글을 해석하는 사람들을 인도할 수 있을 것이다.

제2장

사도행전의 구조

사도행전은 몇 가지 서로 다른 구조적 체계 안에서 이해될 수 있다. 우리가 사도행전에서 발견하는 내러티브의 연속들을 구분하는 작업들은 서신서들의 윤곽을 구조화하는 작업과도 심지어는 복음서의 내러티브들과도 근본적으로 다르다. 생각의 논리적 흐름은 서신서들 가운데서 고유한 구조의 틀을 제공하고 있다. 복음서에서는 예수 그리스도께서 중심적 인물로 항상 구현되며, 예수님은 내러티브의 서술에서도 의미의 구심적 역할을 하고 있다. 내러티브의 배경이 이 도시에서 저 도시로 바뀌고 있음에도 팔레스타인을 중심으로 한 배경은 지속적으로 등장한다(요한복음과 공관복음 끝에서 반복되는 예루살렘을 향한 여정을 제외하고). 그러나 문학적인 형태는 복음서에서 빠르게 변한다. 마태복음에서 예수 그리스도는 항상 중심된 발언자이며, 둘러싸고 있는 서술적 재료들의 일반적 배열은 보통 마가복음과 평행을 이루며 약간 축소된 범위에서 누가복음과도 평행을 이루고 있다.

반면 사도행전에서는 인물, 위치, 사회-문화적 배경이 지속적으로 변한다. 더 나아가 기본적인 내러티브의 구조도 반복적으로 등장하는 설교들에 의해서 흐트러지고 있다. 이 설교들은 차례로 다른 설교자들, 다른 형태, 다른 주제와 다른 상황들 속에서 서로 상이하게 구별되고 있다. 예루살렘에서 발원하여 밖으로 뻗어나가고자 하는 계획된 목표에도 불구하고 그 전진의 모양은 직선이 아니다.

이러한 요인들은 독자들에게 어떤 명확한 구조적인 분석에 동의하는 데 어려움을 가져다준다. 그러므로 사도행전의 개요와 구조적인 체계를 구축하는 것이 실제적으로 필요하고 가능한지 혹은 이것이 유익한지에 대해서 의문을 제기할 수 있다. 내러티브를 선긋기 없이 읽을 수는 없을까? 그러나 신뢰할 만한 뼈대가 아직까지 발견되지 않았다 할지라도 이러한 시도는 매우 유용하다. 이는 우리로 하여금 내러티브가 만들어내는 모습을 따라 사고하게 하며 여기에 신학적 의미를 부여하도록 집중시킨다.

우리가 발견하는 문학적 단위(unit)를 정의하기 위한 용어를 선택하는 일이 어렵다. “장면(scene)”, “장(chapter)”, “단편(sketch)”, 혹은 “묘사(portrait)”란 용어들은 적합하지 않다. “구획(칸)들(panels)”이란 표현이 아마도 더 적당할 것이다. 그 이유는 이 단어가 부분적으로 덜 규정되어 있고, 덜 한정적이기 때문이다.[26] 그러나 이런 문학적인 용어들도 초기에는 사용하지 않기로 결정하고 단지 이 책을 귀납적으로 단순히 연구해 나가는 것이 최선으로 생각된다. 이 연구를 따라 이 멋진 내러티브의 구조를 구현하기 위해 여덟 가지 모습을 관찰하고자 한다.

구조적 패턴의 형태들

1. Geographical

사도행전 1:8절의 하나님의 계획이 담겨진 진술은 사도들이 증인의 역할을 수행해야 할 장소들을 연속적으로 나열하고 있다. 예루살렘, 유대, 그리고 “땅 끝”은 동심원적인 원들을 형성하고 있으며, 이것은 사도행전에 지리적인 구조를 주고 있다. 그러나 사마리아는 유대를 포함하고 있지 않기 때문에 이러한 기하학적 패턴에 적합하지 않는다. 또한 사도행전이 일반

26) R. N. Longenecker, "Acts of the Apostles," in EBC, vol. 9, ed. Frank E. Gaebelein (Grand Rapids: Zondervan, 1981), 234.

적으로 밖을 향한 전진을 그리고 있다 할지라도, 이 책은 세상의 "끝"에서 끝나지 않고 정치적 세상의 중심이었던 로마에서 끝을 맺는다.

J. C. O'Neil 은 사도행전 1:8을 중심으로 사도행전을 다섯 개의 부분으로 나누어 제시하였다.27)

1:9-8:3	예루살렘
8:4-11:18	유다와 사마리아
11:19-15:35	세상의 나머지 부분 (마지막 세 구역들)
15:36-19:20	예루살렘이 기독교에 의해서 버려지다
19:21-28:31	로마가 최전선에 오다

I. H. Marshall 도 사도행전 1:8을 사도행전을 조직화하는 기본구절로 사용하였다.28)

1:1-5:42	**예루살렘의 증인들**
1:1-2:47	교회의 시작
3:1-5:42	교회와 유대교 권세자들
6:1-11:18	**유다와 사마리아의 증인들**
6:1-9:31	확장되기 시작하는 교회
9:32-11:18	이방인 전도의 시작
11:19-28:31	**땅 끝을 향한 증인들**
11:19-14:28	안디옥부터 소아시아까지의 전도
15:1-15:35	교회 안의 이방인에 대한 논쟁
15:36-18:17	마게도니아와 아가야에서의 바울의 전도

---

27) *The Theology of Acts in Its Historical Setting*, 2d ed. (London: SPCK, 1970).
28) *The Acts of the Apostles*, NTG (Sheffield: JSOT Press, 1992), 29.

18:18-20:38　　소아시아에서의 바울의 전도
21:1-28:31　　바울의 체포와 투옥

2. Socio-Ethnic

앞의 지리적인 연속을 사회-인종적인 측면으로 약간 수정하여 들어가면 조금 더 생산적이 될 수 있을 것이다:

A. 헬라파 유대인들의 괄목할 만한 성장
초점이 아람어를 공통적으로 사용하는 전통적인 유대 문화에서 헬라어를 사용하는 유대인들에게로 이동하고 있다. 이처럼 스데반의 설교와 순교는 사도행전 안에서 계속되는 유대인들의 강조를 반영하고 있지만, 이것은 헬레니즘 세계로 확장되어 나아가는 유대인들을 의미하는 것이다.

B. 예루살렘으로부터 유대의 모든 지역으로 향하는 복음의 확장
이것은 베드로가 룻다에 있는 것과 바울의 회심 후 기록된 언급인 "온 유대와 갈릴리와 사마리아 교회가 평안하여 든든히 서가고(행9:31 개역성경)" 속에서 확인된다.

C. 유대 땅에 대한 은유가 종교적으로 다른 사마리아의 비유로 옮겨감

D. 중요한 단계들을 거쳐(에티오피아 내시, 고넬료의 회심, 바울의 회당 방문) **팔레스타인 셈족의 환경에서 바울의 광범위하고 궁극적인 선교의 이방적 환경으로의 전의**

E. 예루살렘에서 로마까지의 마지막 여행

비록 로마가 지리학적으로 "땅 끝"에 위치하고 있지는 않지만, 이 도시의 정치적이며 역사적인 위치는 외국 여행의 시작점으로서 그의 위치를 함께 생각해 볼 때 이것(땅 끝)을 상징화하고 있다.

3. 문화적 변경

또 다른 구조분석은 다른 패턴의 가정 없이 문화적 변경(邊境)들의 교차에 대한 관찰을 통해서 수행된다. 사도행전 6:1-6에 등장하는 기록이 여기에 대한 첫 번째 진술이며 독자들의 관심을 히브리어를 말하는 유대인으로부터 그리스말을 하며 아마도 그 문화 속에서 살아가는 사람들에게로 이동시킨다. 관심의 두 번째 이동은 사마리에서 설교하는 빌립을 통해서 나타난다. 이 이야기에서 독자들은 마술사 시몬의 모습을 통해서 처음으로 마법의 실제를 경험하게 된다. 그러나 다음 이야기는 문제를 제기한다. 에티오피아 내시에 관한 이야기는 우리를 이방인의 세계로 이끈다. 그러나 이 이야기는 고넬료의 회심에 대한 이야기에 비해 짧고 다소 빈약하다. 고넬료의 이야기는 예루살렘의 교회의 지도자들에게 다시 반복되고 있으며 사도행전에서 두 장(10-11장)을 차지하고 있다. 우리가 후에 살펴보겠지만, 이 이야기들은 서로 다른 배경과 목적을 가지고 있다. 전자의 내러티브는 후자의 내러티브를 위해 독자를 준비시킨다. 이 두 진술 가운데 놓여 있는 사도 바울의 회심은 복음의 바깥으로의 주요한 열정의 시작점이며, 이는 13장에서 20장까지 기록되어 있다.

4. 베드로와 바울

바울에게 할당한 방대한 분량의 내러티브 기술은 우리로 하여금 사도행전의 구조분석에 대한 또 다른, 그러나 분명한 방법을 생각하도록 강요한다.

베드로와 바울이 교회에 확장에 있어서 매우 중요한 역할을 감당하였다. 학자들은 이 둘 사이의 기술에서 나타난 유사점에 주목한다. 이를테면 설교들, 기적들의 행함, 그들 모두 유대 지도자들로부터 배척을 당한 사실, 그들의 투옥, 그리고 각각 그들 자신의 기술의 순환에서 가진 위상이 당연히 여기에 관련된다. 사도행전은 쉽게 두 부분으로 나눌 수 있다: 베드로가 주요인물로 등장하는 1-12장과 바울이 주요인물로 나타나는 13-28장이다. 바울의 회심이 기록되어 있는 첫 번째 부분(9장)에서 그리고 베드로가 예루살렘 공의회에서 등장하는 두 번째 부분(15장)에서는 두 인물들이 오버랩 되기도 한다.

M. D. Goulder는 사도들이 가진 사역의 이러한 순환을 가시화하고자 가능한 모델들 가운데 다음을 제시하였다.[29)]

행1:6-5:42	사도들의 구역	(3 순환)
행6:1-9:31	집사들의 구역	(1 순환)
행9:32-12:24	베드로의 구역	(1 순환)
행12:25-28:31	바울의 구역	(4 순환)

사도행전에서 베드로와 바울에 대한 누가의 묘사는 어떤 면에서 복음서에서 그려지는 예수 그리스도의 초상과 유사하다. 이러한 유사점들이 복음에 적대적인 세상에서 사역하는 그들의 경험과 그들의 메시지 안에서 비교할 만한 요소들을 조명하는 한 이들은 사도행전의 독자들로부터 매우 중요하게 취급되어야 한다. 예수님의 사역을 특징 지웠던 것들과 여기에 대한 다양한 반응들은 또한 그를 따르는 제자들의 사역도 동일하게 특징

29) *Type and History in Acts* (London: SPCK, 1964).

지웠다. 분별되는 평행들(parallels)의 가치와 성격에 따라 다양한 의견들이 개진됐다.[30] 이 평행의 성격에 대하여 분별되어진 문학적인 모델들로 동심원적(concentric), 중첩적(overlapping), 혹은 반복적(recurring) 패턴이 있다.

약간 생략되고 변형하여서 제시된 C. H. Talbert의 두 개의 문학적 모델들이 누가복음과 유사하거나 사도행전에서 반복되고 있는 패턴을 보여주고 있다.[31]

누가복음과 사도행전 사이의 평행들

[누가복음]		[사도행전]
1:1-4	서언	1:1-5
3:21-23	성령 강림	2:1-13
4:16-30	예언/성취에 대한 말씀	2:14-40
5:17-26	절름발이의 고침	3:1-10
5:29-6:11	지도자들과의 갈등	4:1-8:3
7:1-10	백부장	10:1-11:18
7:11-17	과부와 부활	9:36-43
10:1-12	이방인 전도	13:1-20:38
9:51-19:28	예루살렘을 향한 여행	19:21-21:17

30) A. J. Mattill, Jr., "The Jesus-Paul Parallels and the Purpose of Luke-Acts: H. H. Evans Reconsidered," NovT (1975): 15-46; R. F. O'Toole, "Parallels Between Jesus and His Disciples in Luke-Acts: A Further Study," *BZ* 27 (1983): 195-212; S. M. Raeder, "Jesus-Paul, Peter-Paul, and Jesus-Peter Parallelisms in Luke-Acts: A History of Reader Response," in SBLSP 1984, ed. K. H. Richards (Atlanta: Scholars Press, 1984), 23-39; and D. P. Moessner, "The Christ Must Suffer: New Light on the Jesus-Peter, Stephen, Paul Parallels in Luke-Acts," *NovT* 28 (1986): 220-56.

31) *Literary Patterns, Theological Themes, and the Genre of Luke-Acts*, SBLMS 20 (Missoula: Scholars Press, 1974).

사도행전 안에서의 평행들

사도행전 1-12장		사도행전 13-28장
2:1-40	성령과 선포	13:1-40
3:1-26	치유와 설교	14:8-17
6:8-8:4	돌로 침	14:19-28
10:1-11:18; 12:1-9	이방인 선교와 투옥	13:1-28:31

5. 연설(설교)들

설교들은 사도행전에서 매우 중요한 역할을 하고 있기 때문에 사람들은 누가가 이를 통해서 어떤 도식을 제공할 수 있다고 생각한다. 그러나 첫 번째 설교(오순절의 베드로 설교, 2장)와 마지막 설교들(바울의 변론, 행 22-26장), 모두가 기독교 신앙을 위한 변론적 성격을 가지고 있다는 점을 제외한다면 사도행전에 나오는 모든 설교들은 도식화하기에 충분한 형식을 가지고 있지 않다.

6. 변형적인 형태들

내러티브에서는 보편적으로 상황적 배경이 변화하고 등장인물들이 발전한다. 이들은 내러티브의 서술 방식에 빛과 색을 제공한다. 사도행전의 경우에는 바울에 대한 유대인들과 이방인들의 다양한 반응이 어떤 형식을 구성하고 있다. 바울은 이방인들에 의해서 자주 저지되고 때로는 공격 받기도 하였다. 그러나 루스드라에서 바울과 바나바는 신으로 여겨졌다. 회당에서 바울은 환영받기도 하였으나 또한 즉각적으로 배척되기도 하였다. 누가의 내러티브 안에서 유대인들과 지속되는 바울의 관계는 해석에 있어서 중요한 사안이다. 그러나 아쉽게도 이러한 형식은 하나의 문학적 구조를 이루기에는 충분히 규칙적이지 않다.[32)]

7. (기술)공간의 배치

다양한 장면들과 사건들에 대한 지면의 할당 역시 상대적으로 중요하다. 이들은 사도행전의 독자들이 책을 읽는 속도에 영향을 미치며, 이러한 영향은 독자들의 마음에 그려지는 사도행전의 구조와 긴밀하게 연결된다. 초대교회의 모습에 대한 공간의 분배는 적다(2:42; cf. 2:46). 독자들은 신비적인 사건이나 행4:32-37에서 반복되고 있는 물질의 나눔(2:43-47)으로 즉각적으로 이동해 가는 경향이 있다. 예를 들자면 사도행전은 어디에서도 성찬식에 대하여서 상세하게 기술하고 있지 않다. 행20:7-12에 기록된 바울과 유두고의 이야기는 떡을 떼고 있다는 아주 간단한 언급과 함께 시작하고 있다. 아마도 사도행전을 읽는 그 당시의 기독인들은 무엇이 이 예배 때 행하여졌는지 알고 있었을 것이다. 그러나 회심하기 전의 독자들과 그 후세대의 독자들은 그들이 가진 만큼의 충분한 지식을 갖지 못했을 것이다. 누가에게는 이러한 세세한 상황을 묘사하는 것이 중요치 않았으며 2:42과 20:47 모두를 통해서 독자들을 또 다른 문제로 이끌어 가고자 하였다.

제자들과 예루살렘 지도자들과의 대면은 사도행전 서두의 좋은 부분(3-4장)을 점유하고 있다. 여기서 예수 그리스도의 이름에 관한 주제로 엮이는 가운데 빠르게 오고가는(지도자들과 제자들 사이의 변화) 이야기의 흐름은 독자들의 관심을 빼앗아 가기에 충분하다.

---

32) 예를 들자면, 행 6:9-12; 13:14-52; 14:1-5; 17:1-13, 16-34; 18: 4-8, 12-17; 19:8-10.

고넬료의 이야기는 그 가운데 매우 중요하다. 세 번의 반복(행10:1-8; 10:22; 10:30-32)을 통한 교훈의 강화뿐만 아니라 연속되는 내러티브는 독자들을 강제하여 이 이야기의 새로운 면을 보도록 만든다(행11:13-14; cf. 15:7-9, 11).

15장 전체는 예루살렘 공의회만을 다루고 있다. 많은 양의 대화, 구약성경의 인용, 상세한 결정과 여기에 뒤따르는 규칙은 읽기 쉬운 것은 아니다. 독자들의 속도는 15장에서 느려지고 16장에서 더 느려진다. 이곳은 독자들을 쉬게 하는 역할을 한다. 사도 바울의 사역이 가진 중요점을 감안하더라도 그의 재판과정을 그리는 내러티브는 너무 길고 반복적이기 때문에 이들은 하나의 독특하고 독립된 단위를 구성할 수 있을 정도이다. 군중들을 향한 바울의 연설은 재판 중은 아니지만 하나의 변호로 간주할 수 있으며 재판 자체로 이어지는 교량의 역할을 하고 있다. 재판에 관련된 내러티브에 주어진 방대한 양의 관심은 사도행전 전체의 해석에서 하나의 중요한 요인이 될 수 있다.

8. 요약 진술들

누가가 이것을 하나의 구조적 표지로 의도하였는지 확실치 않지만 한 가지 형태가 분명하게 나타난다. 누가는 복음의 확장(진보)에 대한 요약을 반복해서 기술하고 있다:

> 그 말을 받은 사람들은 세례를 받으매 이 날에 제자의 수가 삼천이나 더하더라 **행 2:41**
>
> 하나님을 찬미하며 또 온 백성에게 칭송을 받으니 주께서 구원받는 사람을 날마다 더하게 하시니라 **행 2:47**
>
> 말씀을 들은 사람 중에 믿는 자가 많으니 남자의 수가 약 오천이나 되었더라 **행 4:4**

믿고 주께 나오는 자가 더 많으니 남녀의 큰 무리라 **행 5:14**

하나님의 말씀이 점점 더 왕성하여 예루살렘에 있는 제자의 수가 더 심히 많아지고 허다한 제사장의 무리도 이 도에 복종하니라 **행 6:7**

그리하여 온 유대와 갈릴리와 사마리아 교회가 평안하여 든든히 서 가고 주를 경외함과 성령의 위로로 진행하여 수가 더 많아지니라 **행 9:31**

온 욥바 사람이 알고 많이 주를 믿더라 **행 9:42**

주의 손이 그들과 함께 하시매 수다한 사람이 믿고 주께 돌아오더라 **행 11:21**

하나님의 말씀은 흥왕하여 더하더라 **행 12:24**

이방인들이 듣고 기뻐하여 하나님의 말씀을 찬송하며 영생을 주시기로 작정된 자는 다 믿더라 **행 13:48**

이에 여러 교회가 믿음이 더 굳어지고 수가 날마다 더하니라 **행 16:5**

이와 같이 주의 말씀의 힘이 흥왕하여 세력을 얻으니라 **행 19:20**

담대히 하나님의 나라를 전파하며 주 예수 그리스도께 관한 것을 가르치되 금하는 사람이 없었더라 **행 28:31**

이 요약들 간의 길이와 내용은 서로 다르지만, 그 경계는 분명하다. 여기에 대한 질문은 이러한 요약들이 의도적으로 삽입이 되어 어떤 구조들을 의미하도록 했는지의 여부이며, 그런 점에서 이들이 해석에 어떤 기여를 할 수 있는지에 대한 것이다. 2:41-2:47의 부분은 사도적 교회의 삶과 사역에 대한 하나의 계획된 조망이다. 이런 점에서 이 단락은 주 예수 그리스도의 사역을 이사야 61장을 인용하는 방법을 통해서 요약하고 있는 누가복음 4:16-21과 평행을 이룬다. 누가는 오순절에 대한 상세한 기록으로부터 이 틈간의 분명한 일들을 담은 또 다른 상세한 기록으로 옮겨간다. 그러므로 2:41과 2:47의 요약적 진술은 분명한 구조적 표식이 된다.

행4:4과 5:14에 기록된 요약들은 모두 위기적인 사건들을 뒤따른다. 전자는 제자들의 체포를 뒤따르며 후자는 아니아아의 삽비라의 기록을 뒤따른다. 두 요약은 모두 "믿음"이란 뜻을 가진 단어를 포함하고 있으며, 하나는 직설법으로 다른 하나는 분사로 사용되었다. 행2:41과 같이 행4:4은 "말씀"을 받은 사람들을 언급하고 있다. 4:4과 5:14은 계속되는 내러티브 안에서 기록되어 있기 때문에 이들이 2:41과 2:47과 같이 단락을 나누는 구조적 표식이 되시는 않는다.

6:7의 요약은 초대 교회에 일어났던 중요한 사건들 이후에 기술이 되었다. 이 요약은 전도와 소유의 나눔이라는 교회의 두 가지 모습이 때로는 핍박을 가져오며 때로는 비난받을 만한 가식의 자리가 되고 있음이 선별적으로 기술된 후에 위치하고 있다. 다시 한 번 "주의 말씀"은 주목받게 되어진다. 여기 사용된 "많아졌다"는 표현은 9:31과 12:24 에도 사용되었다. 이 요약은 스데반의 순교를 담은 긴 단락(6:8-7:60)의 앞에 위치한다. 다음 단락은 성장에 대한 요약으로 끝나지 않고, 이것이 다소 어색해 보이기는 하지만, 스데반의 순교의 자리에 사울이 있었다는 것과 그가 참여하고 있는 계속된 핍박에 대해서 간단하게 언급하고 있다(8:1-3).

계속해서 요약적 언급들은 내러티브 안에서 다음 이야기의 변환까지 단락에 잘 부합되고 있다. 그러나 9:31에서 요약되는 다음 단락은 문제를 야기한다. 이 단락은 요약적 언급과는 관련이 적어보이는 몇 가지 사건들을 포함하고 있다. 사마리아의 빌립과 마술사 시몬, 빌립과 에디오피아 내시의 회심, 그리고 바울의 회심이다. 그러나 여기에는 이 모든 것을 설명할 수 있는 적절한 이유가 존재한다.

1. 사마리아인의 회심은 복음의 전파에 있어서 중요한 발전을 의미한다.
2. 시몬의 이야기는 이 사건에서 필수적인 부분이다.
3. 이 모든 것은 스데반의 순교 이후에 오는 핍박의 결과이다.

이 단락이 핍박에서 사울의 역할(8:1-3)에 대한 언급과 함께 시작하고 그의 회심과 기독인으로서 그가 겪었던 초기의 경험들로 끝나고 있기 때문에 이 단락은 괄호형식(*inclusio*)라는 문학적 구조에 의해서 묶여지고 있다.

행9:42의 요약은 9:31의 요약 이후에 너무 빠르게 등장하고 있기 때문에 단락을 나누는 구조적 표지로 이해하기 어렵다. 그러나 이 요약은 중요한 전환점을 제공한다. 5장 이후 내러티브에서 베드로는 더 이상 중요인물이 아니었다. 베드로는 그가 성령과의 교통을 사마리아에 있는 신자들에게 전하기 위하여 보내어졌기 때문에 8장에 등장한다. 그러나 이는 이차적 역할이다. 12장부터는 바울이 전면에 나아와 무대를 장악한다. 그러나 9:32-41에서 베드로가 다시 부각된다. 그가 고넬료와 중요한 만남을 갖기 바로 이전에 베드로는 애니아와 도르가를 돌보고 있었다. 베드로가 도르가를 일으켰다는 말은 널리 퍼졌고, “많은 사람들이 주를 믿게 되었다”(9:42). “믿게 되었다” 사용은 이와 비슷한 단어인 “믿음(believe)” 혹은 “신앙(faith)”을 사용하는 다른 요약들과 이 요약을 연결시킨다(4:4; 6:7; 11:21; 13:48; 16:5). 그러므로 이것이 주요 대목을 포함하고 있지 않다 하더라도, 쓰인 단어를 감안하고 또한 이것이 고넬료의 사건을 준비하는 그의 초기 사역의 종합을 말하고 있다는 것을 감안한다면 이 요약적 진술은 하나의 구조적 지표로 간주할 수 있다.

아마도 우리는 고넬료의 이야기가 끝나고 난 뒤 어떤 요약적 진술을 기대할 수 있을 것이다. 그러나 그 자리에 위치하는 것은 요약이기 보다는 결론적 진술이다: “저희가 이 말을 듣고 잠잠하여 하나님께 영광을 돌려 가로되 그러면 하나님께서 이방인에게도 생명 얻는 회개를 주셨도다 하니라”(행11:18). 비록 이 진술이 전형적인 요약적 진술과 구조적으로 평행을 이루지 않는다 하더라도, 이것은 백부장의 중요한 회심에 있어서 느낌표와 같은 기능을 하고 있다. 그리고 몇 구절 지나지 않아 또 다른 "표준적" 요약이 등장한다(11:21). 이 요약은 유대인들 사이에서뿐만 아니라 고넬료가 열어놓은 문으로 이제 들어오는 이방인들 사이에서 복음이 효과적으로 확산되고 있음을 강조하고 있다. 안디옥에서 많은 사람들이 하나님께로 돌아와 믿음을 가졌다는 소식은 예루살렘 교회로 하여금 바나바를 안디옥으로 보내게 하였다. 이는 바나바를 사울과 함께 하게 하였고, 독자들은 앞으로 이 둘의 팀 사역을 기대하게 된다. 그러므로 11:21의 요약적 진술은 독자들의 시선을 첫째는 이방인에게로 둘째는 바나바와 바울에게로의 전환시키는 데 있어서 매우 중요한 역할을 하고 있다.

흥미롭게도 다음에 오는 요약적 진술은 행12장에 나오는 헤롯의 적대적 행위와 그의 죽음에 대한 간략한 언급 뒤에 위치한다. 이 요약은 다른 것들과 마찬가지로, 인류의 반대와 이를 이기시는 하나님의 승리를 묘사하고 있다. 헤롯은 벌레 때문에 사망하지만 복음은 승리하고 있다(12:24).

13장에서 수리아 안디옥에 위치한 교회는 바울과 바나바를 파송하였다. 비시디아 안디옥에서 유대인들로부터 엇갈린 반응을 경험한 후에 그들은 스스로 이방인에게로 가겠다고 선언하였다. 여기가 사도행전의 결정적인 전환점이다(11:46). 이렇게 해서 우리는 "하나님의 말씀" 과 "믿게 되었다" 뿐만 아니라 이방인에 대한 특별한 언급들을 포함하는 요약을 들을 준비가 된 것이다: "이방인들이 듣고 기뻐하여 하나님의 말씀을 찬송하며 영생을 주시기로 작정된 자는 다 믿더라(11:48)."

행16:5("이에 여러 교회가 믿음이 더 굳어지고 수가 날마다 더하니라")의 요약적 진술은 매우 적합한 장소에 위치하고 있다. 13장과 14장은 바울의 첫 번째 선교여행과 관련이 있다. 여기에는 바울과 바나바가 안디옥 교회에게 준 선교보고가 어느 정도 담겨진 요약이 있다: 4:26에 있는 "두 사도의 이룬 그 일들"을 유념하라.

> 거기서 배타고 안디옥에 이르니 이곳은 두 사도의 이룬 그 일들을 위하여 전에 하나님의 은혜에 부탁하던 곳이라 이르러 교회를 모아 하나님이 함께 행하신 모든 일과 이방인들에게 믿음의 문을 여신 것을 고하고 제자들과 함께 오래 있으니라 (행14:26-28)

예루살렘 공의회 후에 두 번째 선교여행이 이전 여행에서 회심한 사람들을 방문하기 위해서 시작되었다. 그러나 이 여행은 소아시아에서 장벽에 부딪혔다. 행16:6-10은 왜 사도 바울이 갑작스럽게 진로를 변경하여 제국의 서쪽으로 향하였는지 설명하고 있다. 그러나 이 여행의 변경이 있기 전에 여행의 첫 번째 부분을 마무리하는 요약을 기입하고 있다. 두 번째 선교여행은 복음의 선포를 위한 여행이 아니라 이미 세워진 교회를 돌아보기 위한 여행이었기 때문에 요약은 다음과 같이 보고 한다: "이에 여러 교회가 믿음이 더 굳어지고 수가 날마다 더하니라(16:5)."

이전과 같이 요약은 두 번째 여행이 시작된 후에 등장하고 다음 요약은 이 여행이 끝나기 전에 등장한다. 사실 이 요약은 바울의 에베소 체류를 서술하는 내러티브의 바로 중간에 위치한다. 이 위치지정은 논리적이기도 하지만 중요한 전환을 의미하기도 한다. 바울의 2년간의 에베소 사역은 매우 성공적이었고 바울은 예루살렘으로 갈 것을 결정하였다. 에베소에 대한 내러티브와 바울의 의도에 대한 언급 사이에 누가는 요약을 삽입하고 있다: "이와 같이 주의 말씀이 힘이 있어 흥왕하여 세력을 얻으니라"(행19:20). 이 후에는 에베소의 소동이 기록된다. 그 다음에는 바울의 활동적인 사역이 따르며, 이것은 누가의 시각에서 보자면 예루살렘으로 귀환하는 그의 여정의 첫 장을 구성한다. "그 소동이 그쳤을 때, 바울은 .... 작별하고 마게도냐로 떠났다"(행20:1).

책의 가장 끝에 있는 마지막 요약은 중대한 진술이다. 바울은 그가 비록 감옥에 있기는 하지만, 실제적으로 로마에 도착하였고, 하나님의 나라를 선포하고 예수 그리스도를 가르칠 수 있는 자유를 가졌다. 헬라어 문장의 배열을 잘 살린 마지막 단어들은 “모든 담대함과 아무런 방해없이” 이다(행28:31). “방해 없이”란 단어는 그리스어 단어 가운데 힘 있는 표현 중의 하나인 “ἀκωλύτως” 이다. 이 같은 방식으로 누가는 과거를 요약하는 것 보다는 미래를 여는 데 중점을 두었다. 결국 더 많은 사람들에게 그리고 더 많은 장소에서 복음을 전하려고 했던 바울은 이제 자유롭게(그가 감옥에 있는 것을 감안하면 역설적이지만) 복음을 전할 수 있게 되었다. 이제 방해물은 없어졌다. 행1:8에 기록된 앞으로의 복음 증거와 성취를 위한 길은 매우 분명하여졌다.

표본적 개요

구조의 분석과 개요(outline)의 파악이 서로 연결되어 있다는 것은 분명한 사실이다. 그러나 이 둘이 동일한 작업이라고는 할 수 없다. 필자가 여기서 쓰는 용어와 같이, 구조는 저자가 마음속에 그리고 있는 기준선이며, 독자들에 의해서 파악될 수 있다. 또한 구조는 독자들이 그들이 파악한 기준선을 통하여 보는 것에 대하여 서로 다른 판단을 내리는 것과 같이 개인적인 독자들에 의하여 각각 변형되어 이해될 수 있다. 보편적으로 개요는 생각과 행동의 흐름을 분석하거나 가능한 한 객관적으로 이것을 논리적이며 그리고 일직선의 형태로 고착화 하려고 한다. F. F. Bruce 에 의한 다음의 개요는 이러한 접근 방법을 잘 나타내고 있다.[33] 이 개요는 사실 생략된 것으로 단지 큰 단락만 보여주고 있다.

---

33) *The Acts of the Apostles: The Greek Text with Introduction and Commentary*, 3d rev. and

원저에 나타난 정확함과 그 범위를 보여주기 위해서 마지막 단락을 그 하부 제목들을 포함하여 반복하였다.

I. 교회의 탄생 (1:1-5:42)

A. 서언 (1:1-26)

B. 오순절 (2:1-47)

C. 치유사역과 그 결과 (3:1-4:31)

D. 모든 것을 통용 (4:32-5:11)

E. 사도들이 산헤드린 앞에 다시 서다 (5:12-42)

II. 핍박과 확장 (6:1-9:31)

A. 스데반 (6:1-8:1a)

B. 빌립 (8:1b-40)

C. 다소 사람 사울의 회심 (9:1-31)

III. 베드로의 사역: 이방인들이 들어옴 (9:32-12:24)

A. 팔레스타인 서부의 베드로 (9:32-43)

B. 고넬료의 이야기 (10:1-48)

C. 예루살렘이 지지하는 베드로의 행위 (11:1-18)

D. 안디옥이 기독인들의 터(base)가 되다 (11:19-30)

E. 헤롯, 아그립바 1세와 교회 (12:1-24)

IV. 안디옥에서 시작된 교회 확장과 예루살렘의 사도적 규범 (12:25-15:35)

---

enl. ed. (Grand Rapids: Eerdmans; Leicester, England: Apollos, 1990), viii-xv.

A. 바나바와 사울 (12:25-13:3)

B. 구브로 (13:4-12)

C. 비시디아 안디옥 (13:13-52)

D. 이고니온, 루스드라, 더베 (14:1-28)

E. 예루살렘 공의회 (15:1-35)

V. 바울, 안디옥을 떠나 에게 해의 세계로 가다 (15:36-19:20)

A. 새로 세워진 교회를 다시 방문하다 (15:36-16:5)

B. 빌립보 (16:6-40)

C. 데살로니가에서 아덴으로 (17:1-34)

D. 고린도에서의 바울 (18:1-17)

E. 에베소 (18:8-19:20)

VI. 예루살렘을 거쳐 로마로 가려는 바울의 계획과 뜻하지 않게 성취되는 그의 목적 (19:21-28:31)

A. 바울이 에베소를 떠나 마게도니아와 아가야로 떠나기를 계획하다 (19:21-20:6)

B. 예루살렘을 향한 여행 (20:7-21:16)

C. 예루살렘에서의 바울 (21:17-23:30)

D. 가이사랴에서의 바울 (23:31-26:32)

E. 바울의 여행과 파선 (27:1-44)

F. 멜리데에서의 바울(28:1-10)

G. 드디어 로마! (28:11-31)

계속되는 상세한 개요는 VI. G. 부분을 확대한 것으로 Bruce 교수의 특징인 세밀한 개요를 볼 수 있게 한다.

G. 드디어 로마! (28:11-31)

1. 마지막 바퀴: "이제 로마에 왔다"(28:11-15)
2. 바울이 간수들에게 넘겨지다 (28:16
3. 바울과 로마에 거주하는 유대인 (28:17-28)
    a. 첫 번째 대면 (28:17-22)
    b. 두 번째 대면 (28:23-28)
4. 복음이 로마에서 방해 없이 전파되다 (28:30-31)[34]

---

34) 이 개요는 행28:29을 생략한 성경사본을 토대로 작성되었다.

제3장

신학으로서의 내러티브

해석의 과정에서 내러티브는 항상 어려운 부분이다. 이것은 내러티브의 단락을 설교하는 경우에도 마찬가지다. 내러티브 단락을 해석하면서 단지 성경적인 인물들만을 선택하여 이들로부터 도덕적인 혹은 영적인 교훈만을 얻으려는 접근방법이 지금까지 보편적으로 있어왔다. 성경은 다채로운 인물들이 등장하는 생동감 있는 내러티브를 풍부하게 가지고 있다. 또한 한 사람의 경험과 또 다른 사람의 경험 사이에 공통된 점이 많이 발견되기 때문에, 성경에 등장하는 인물들로부터 중요한 도덕적 교훈들을 추출해 내는 것은 어렵지 않다. 그러나 성경에 등장하는 인물들과 사건들을 단순히 한 모범으로만 (아니면 그 반대로) 보는 것은 올바르지 않다. 내러티브 안에서 줄거리, 인물의 변화, 인물들 간의 상호 관계들의 파악은 모든 연구에 있어서 기초적인 작업이다. 그러나 실제적으로 이러한 작업이 너무 성급하거나 불완전하게 수행되고 있는 것이 사실이다. 이들은 내러티브의 큰 구조에서 자주 분리되며, 신학적 성격에 대한 인식 없이 단지 설명적인 목적으로만 쓰이는 경향이 있다.[35]

창세기에 나오는 요셉의 이야기는 내러티브에 대한 적절하고 포괄적인 접근이 필요함을 말해 준다. 요셉을 그리스도의 예표로 간주하는

35) Sidney Greidanus는 이러한 "예(examplary)"를 심도 있게 비판하였다: *Sola Scriptura* (Toronto: Wedge Publishing Foundation, 1970), 56-86. 그의 다른 저작도 보라, *The Modern Preacher and the Ancient Text: Interpreting and Preaching Biblical Literature* (Grand Rapids: Eerdmans, 1988), 188-227, 268-310.

것의 적절성에 대하여 고려하지 않는다 하더라도, 요셉의 이야기를 담고 있는 전체의 내러티브는 구속사의 전개에 있어서 핵심적인 역할을 하고 있다. 여기에는 상당한 신학이 잠재되어 있다. 아브라함으로부터 예수 그리스도에 이르는 성경 역사의 전체적인 과정은 요셉을 통한 하나님의 섭리적인 역사를 통해서 가능하게 되었다. 가뭄의 기간 동안 이스라엘의 물질적 구원은 애굽에 있는 요셉의 활동으로 성취되었다. 요셉의 형제들이 악한 의도에서 행하였다 할지라도, 하나님께서는 이것을 선하게 인도하셨다(창50:20). 이는 하나님의 주권과 섭리에 대한 하나의 교훈을 제공한다. 구약에 대한 이러한 조명은 우리로 하여금 사도행전에 담긴 내러티브의 중요성을 볼 수 있도록 도와준다. 사도행전에서도 다양한 등장인물들과 생동적인 사건들이 있다. 그렇기 때문에 독자들은 발 빠른 적용을 위해 내닫으려 하는 경향을 뒤로하고 우선 본문을 확인하여 거기에 내러티브의 요소들과 중요한 신학이 내재하고 있는지 보아야 한다.

표본 연구: 아나니아와 삽비라

행5:1-11에 있는 아나니아와 삽비라의 이야기를 읽는 독자들은 아마도 이것이 단지 속임과 탐욕에 대한 특별한 사례라고 생각하고, 그 즉각적인 판결에 대해서 놀란 후에, 이 이야기를 넘어갈 것이다. 그러나 이 내러티브는 무엇보다 전 단락을 고려하여 접근해야 한다. 이 이야기는 사도행전에서 만나는 두 번째 충격적인 죽음이다. 첫 번째는 유다의 죽음이다(행1:18-19). 두 사건은 모두 땅과 관련하여 일어났다. 배반자, 유다는 밭을 사고 거기서 죽었다. 그리고 그 밭은 "나그네를 위한 묘지"(마 27:7)가 되었다. 속이는 자들인 아나니아와 삽비라는 땅을 팔고 죽어 장사되었다.

마지막 이야기와는 매우 대조적으로 이 두 사건 사이에 바나바가 땅을 팔고 그 돈을 사도들 사이에 가져와서 가난한 사람을 돕도록 한 이야기가 나타난다(행4:36-37).

아나니아와 삽비라의 사건은 더 많은 사고를 요청한다. 행2장은 1장에서 언급된 성령의 역할들을 확대하고 예언의 은사를 언급한다. 이 은사는 성령께서 신자들에게 아무 차별 없이 주시는 것이었다. 아나니아는 이 성령을 거슬러 거짓말을 했고, 그의 아내도 여기에 함께 하였다. 아마도 베드로는 성령에 의하여 이들이 거짓을 말하고 있다는 내면적 사실을 인식했을 것이다. 행2장은 또한 가난한 자들을 돕는 초대 교회의 온정에 대해서 말하고 있다. 이 나눔이 자발적이었는지, 아니면 강제적이었는지에 대하여 내러티브는 말을 아끼고 있다. 그러나 내러티브는 42-47절에서 다른 중요한 교회적 기능을 언급하면서 나눔의 모습을 묘사하고 있다. 이 단락은 또한 표적과 기적들을 말하고 있다. 이것들은 독자들로 하여금 이후에 기술되는 신비한 사건들을 준비하게 하였다. 베드로가 3장에서 예수 그리스도의 이름으로 한 사람을 고쳤을 때, 그는 분명하게 은과 금을 가지고 있지 않음을 명백하게 하였다. 이 진술은 아나니아와 삽비라가 가진 소유에 대하여서 대조적인 배경을 형성한다.

4장은 계속해서 초대교회의 열심 있는 모습을 묘사한다. 그리고 이것은 신자들이 "그들이 가진 모든 것을 함께 나누었다(4:32)"는 언급에서 정점을 찍는다. 바로 그 다음에 누가는 "사도들이 큰 권능으로 주 예수의 부활을 증거하니 무리가 큰 은혜를 얻었다"고 썼다. 그리고 다시 한 번 교회가 소유를 나누는 모습을 기록하였다. 그러나 여기서 그는 상세하게 땅을 팔아서 기증하는 바나바의 예를 들고 있다. 그가 "밭이 있으매 팔아 값을 가지고 사도들의 발 앞에 두니라(4:37)".

바로 다음 구절은 아나니아를 소개하고 있는데, 표현상으로 보자면 누가복음에 나타나는 어떤 비유의 문장구조와 동일하다("어떤 사람이 ...

Ἀνὴρ δέ τις", cf. 눅 10:30; 15:4, 8, 11; 16:1, 19; 19:12). 처음에 독자들은 이 사람이 전에 언급하였던 바나바와 다르다는 것은 발견하지 못하지만, 그의 속임수에 대하여 빠르게 알아차린다.

"어찌하여 사단이 네 마음에 가득하였느냐?(5:3)"는 베드로의 질문은 사단이 비슷하게 유다의 마음에 들어갔다는 사실(눅 22:3; 요 13:27, 하지만 이 사실을 초대교회의 독자들이 알고 있었을까?)[36]과 이와는 대조적으로 그 다음 장에 언급된 자선 사역을 위해 선택된 집사들이 "성령이 충만했다"는 사실을 환기시킨다. 그러므로 아나니아와 삽비라의 이야기는 탐욕과 부정직함에 대한 단순한 사례로 이해하기 보다는 사도행전 전체의 좀 더 큰 그림 안에서 고려되어야 한다. 이들의 이야기는 성령에 의해서 힘을 얻고 인도되는 교회의 거룩함에 대한 공개적인 상징이 되었으며, 또한 가난한 자들을 돕는 교회의 온정을 상징하고 있다.

세심하게 문맥을 살피는 내러티브 분석의 중요성을 시사하는 이 사례는 본문에 대한 두 가지 접근방식을 포함하고 있다. 곧 내러티브 비평과 내러티브 신학이다. 우리는 이것을 이제 차례대로 살펴볼 것이다.

내러티브 비평

내러티브 비평이라 불리는 내러티브 연구는 본문에 있는 단어연구 자체에 집중한다. 이 연구에서 역사성에 대한 질문은 배경적 요소들과 같이 옆으로 물러난다. 그러나 이는 이 두 가지 연구의 중요성을 부인하는 것은 아니다. 이들은 첫째로 성경의 진정성과 둘째로 이러한 정보가 내러티브를 조명할 수 있다는 사실에서 중요하다. 예를 들어, 에베소의 위치와 거기에

36) S. M. Sheeley 는 "사도행전의 서론이 독자들로 하여금 누가복음의 조명 아래서 사도행전을 읽도록 초청한다"고 지적하였다. *Narrative Asides in Luke-Acts*, JSNTSup 72 (Sheffield: JSOT, 1992), 174, cf. 137.

거주하는 시민들의 종교적인 성향들은 그곳에서의 바울의 출현과 경험을 이해하는 데 중요한 요인을 제공한다. 그러나 내러티브를 내러티브답게 연구하려는 독자들은 오직 자신이 읽고 있는 본문의 내용에만 초점을 맞추려고 할 수 있다. 그러나 이것은 매우 치우친 경우이다. 왜냐하면 내러티브의 저자는 어떤 중요한 사실들을 독자들이 이것을 잘 알고 있으리라고 가정하여 생략할 수 있기 때문이다. 그러나 후대의 독자들은 이러한 지식들을 공유하고 있지 않다. 그렇기 때문에 일차적 독자들이 가지고 있던 선지식들을 공유하기 위해서 본문과 관련된 어떤 역사적 요소들, 고대의 종교, 지리, 기타 등등의 것들이 설명될 필요가 있다. 아직까지도 배경적 지식은 내러티브 본문 자체의 포괄적인 이해를 위해서 중요한 역할을 하고 있다.[37]

움직임 (movement)

내러티브(그리고 그 사이의)의 움직임은 중요하다. 로마서의 법에 대한 이해에서 논리적 흐름을 배제하고 단지 몇 가지 진술들만 뽑아서 생각할 수 없는 것처럼, 하나의 내러티브를 고립시켜서 이것의 의미를 논할 수는 없다. 예를 들어 바울의 유대인들을 향한 태도를 연구하고자 할 때 사도행전의 여기저기에서 몇 가지 단편들만을 모아서 논의할 수 없다. 이를 위해서는 바울이 유대인과 그들의 지도자들과 대면하여 경험한 중요한 사건들을 추적해 보아야 한다. 또한 사도행전이 기록하고 있는 내러티브 전체를 가로질러 복잡하고 변화하는 관계들도 세심하게 관찰해야 할 것이다.

---

37) M. A. Powell, *What is Narrative Criticism?* GBSNTS (Minneapolis: Fortress, 1990) and R. C. Tannehill, "Narrative Criticism," in *DBI*, 488-89. 내러티브 비평이 가진 강점과 약점에 대한 분석을 위해서는 다음을 보라: S. McKnight, *Interpreting the Synoptic Gospels*, GNTE (Grand Rapids: Baker, 1988), 121-37.

시간

움직임은 시간 속에서 발생한다. 그러나 내러티브의 분위기가 나타내는 길이는 실제적인 사건의 길이와 일치하지 않을 수도 있다. 행3장과 4장은 2,3일간의 일을 두 장 전체를 할애하여 묘사하고 있다. 그러나 바울이 에베소에 체류하였던 2년간의 기간은 단지 행19:10에 간략하게 요약되었을 뿐이다.

이 두 장에서 어떤 일이 일어나고 있는지 유념해야 한다. 성전 문에서 고침을 받은 사람으로부터 확장되어가는 이야기와 사건들은 누가의 진술에서 아래와 같은 사항을 가능하게 하였다.

1. 예수님의 이름의 기적적인 능력을 소개
2. 베드로의 가난을 통해서 어떤 신자들이 자신들의 소유를 기부하였음을 제시
3. 사람들의 놀람을 강조 (공통된 누가의 주제)
4. 역사적 그리고 신학적으로 중요한 주제를 다루는 짧은 설교를 포함
5. 초대교회 신자들의 핍박을 묘사
6. 이러한 핍박(4:4) 가운데 역동적으로 성장하는 교회를 보여줌
7. 무엇보다 예수 그리스도의 이름을 믿는 것의 중요성을 강조(4:12에서 절정)

이 단락 후에 지도자들과 제자들의 대립이 다시 시작된다. 이 기간 동안에 유대 지도자들은 타협하려고 시도한다. 그러나 이들의 시도는 빗나갔고, 이는 제자들을 기도의 자리로 모은다. 이번에는 이것이 누가로 하여금 기도의 내용을 기술하게 하였다. 이 기도는 독자들에게 따라야 할 좋은 귀감을 제공한다. 기도가 포함하고 있는 내용은 다음과 같다.

1. 하나님을 부름은 이 상황에서 적절하다.
   (세상의 권세자들이 하나님을 부인하니, 제자들은 전능하신 주로 하나님을 소개한다)
2. 하나님의 전 우주적인 창조주 되심과 그의 통치에 대한 선언은 그의 능력을 가늠하려고 하는 사람들의 노력이 헛된 것임을 환기시킨다.
3. 기도하는 이들에게 필요한 요소가 된 성경의 영감에 대한 언급.
4. 시2:1-2의 적절한 인용과 이 말씀의 현재 상황에 대한 적용.
5. 역사를 주관하시는 하나님과 그를 반역하는 자들이라도 하나님이 도구로 사용됨에 대한 상기.
6. 현재의 긴급한 상황에 대한 특별한 간청.
7. 심지어 하나님께서 그들의 요청을 어떻게 들어주셔야 하는가에 대해서 믿음으로 드린 요청.
8. 그리고 즉각적인 하나님의 기도응답.

이와는 대조적으로 누가는 바울이 에베소에서 머물렀던 2년의 기간을 가볍게 지나치고 있는 것처럼 보인다(행19:10). 그러나 누가는 바울이 에베소에 머무르는 기간 동안에 두란노 서원에서 매일 행하였던 수고로운 복음 전파에 대해서 언급하는 것을 잊지 않고 있다(행19:9). 여기서 우리는 누가가 사건의 기술에 있어서 매우 다양한 기법을 쓰고 있다는 점을 발견한다. 사실 바울은 두란노 서원으로 가기 전에 3개월간 회당에서 가르쳤다. 누가는 시장에서부터 개인적인 대화에 이르기까지 바울이 복음과 함께 사람들에게 접근해 갔던 다양한 방법들을 보여주기 위해서 많은 상황들을 사용하고 있다. 이 두 해에 대한 요약적 진술 속에는 바울이 만지도록 손수건이나 앞치마를 가져오는 분명하게 미신적인 이야기들에서부터 귀신 들린 사람과 마술하는 유대인들의 대면(19:11-16)에 이르는 몇 가지 놀라운 사실들이 포함되어 있다. 거짓된 마술을 압도하는 하나님 능력의 월

등함은 누가의 기술에서 중요한 자리를 차지한다. 누가는 이것을 그의 요약의 결말에서 기록하였다(19:17-20). 이 모든 것은 폭동으로 터져 나왔고, 여기에 대해서 누가는 19절에서 약간 불균형하게 보이지만 흥미롭게 기술하였다.

사도행전에 나타난 시간의 임의적인 사용은 교회가 확장되는 때에 누가가 각각의 사건들을 서로 상이한 시간적 관점을 가지고 바라보았음을 우리에게 가르쳐 준다. 각각의 시간들은 그 자신들의 목적을 성취하고 있으며, 이를 통해 누가는 하나님께서 그의 뜻을 성취하시는 방법의 풍성함을 독자들에게 가르치고 있다.

저자

내러티브를 이해하기 위해서는, 무엇보다 글을 쓰는 저자를 이해해야 한다. 내러티브 밖의 글들을 통해 사람들은 저자에 관해 어떤 것을 알 수도 있고 모를 수도 있다. 저자는 글에서 자기소개의 기제를 포함하기도 한다. 그렇기 때문에 독자들은 분별력 있는 관찰을 통해서 저자에 관한 정보를 다량으로 모을 수 있다. 본문 안에 암시된 것들이 저자의 자화상을 형상화한다. 그러므로 우리는 암시된 저자에 대해서 알 수 있다. 사도행전의 경우와 같이 저자에 대해서 겉으로 드러나는 아무런 정보가 없다 할지라도 우리는 암시된 저자가 예수 그리스도에 관하여 책을 한 권 썼다는 것을 알 수 있다(행1:1). 저자는 예수 그리스도의 부활에 대한 확실한 증거들을 발견했으며, 예수님의 가르침과 제자들의 질문(6절) 사이에 이스라엘과 하나님의 나라에 대하여 어떤 관련이 있다는 것을 보았다. 그는 예수 그리스도의 승천만이 아니라 이것을 관찰하고 있었던 제자들과 흰 옷을 입고 거기에 있었던 이들과의 대화도 중요하다고 생각하였다(1:9-11). 그리고 예수님의 어머니와 다른 여인들, 또한 예수님의 형제들이 그의 승천 후에 기도의 자리에 함께 하였음을 독자들에게 가르쳐 주었다(1:14). 이 모든 것들은 저자가 무엇을 중요하게 여기고 있었는지 말하여 준다. 하나님을 믿는 기독인인 독자들에게 사도행전의 저자가 중요하게 기술한 것이 의미하는 바는 이 책에 영감을 주신 원저자이신 하나님께도 중요한 점이다는 사실이다. 그러나 이것은 내러티브 해석의 수준을 뛰어넘는 단계라 말할 수 있다.

내러티브 비평에서 독자는 저자를 "전지자적"으로 간주한다. 문학적 작업에 대한 존경과 함께, 이것이 의미하는 바는, 범죄자의 모든 것을 아는 미스터리 소설의 저자와 같이, 사도행전의 저자는 사건들과 이들을 기록하는 목적에 대해서 "완벽한(적어도 그의 기술이 드러내고 있는 한)" 지식을 가지고 있다는 것이다. 물론 신앙을 고백하는 독자들에게 단지 사람에 불과한 문학적인 "전지자"는 이 글의 궁극적인 저작자인 진정한 전지자 하나님과는 다르다. 바로 이런 점에서 마가는 예수님의 말씀을 인용하여 신적 선언을 추가하고 있다: "이것을 말하면서 예수께서 모든 음식들이 '정하다' 선언하신 것이다"(막 7:19). 사람인 저자도 때로는 성령께서 인도하실 때, 하늘의 지식이 필요한 선언을 할 수 있다. 이것 역시 내러티브 수준을 뛰어넘는 단계에 속하는 것이다.

저자의 "전지함"은 행동의 전체를 아는 것으로부터 어떤 개인 한 사람에 대하여 사건에서 관찰하여 알 수 없었던 소소한 것에까지 확장된다. 저자는 이 전지적 시점을 독자들과 함께 나눈다. 베르디의 오페라 *Rigoletto* 는 한 좋은 예가 된다. 이 오페라에서는 어느 시점에서 네 명의 등장인물이 개별적으로 서로 다른 멜로디를 노래하며 일어나는 일들에 대한 그 혹은 그녀의 생각을 표현할 때가 있다. 그러는 동안에 청중들은 전지적인 관점으로 이 유명한 사중창을 감상한다. 마찬가지로 사도행전의 저자와 결과적으로 그의 독자들은 베드로가 감옥을 탈출하여 마리아의 집문을 두드리며 밖에서 기다릴 때 베드로와 "함께" 있지만, 또한 그 안에서 기도하고 있는 사람들과도 "함께" 한다. 저자와 독자들은 또한 베스도와 아그립바가 바울의 송사를 의논할 때 "함께" 한다(행 25:13-22). 그러나 이 전 장에서 저자의 지식은 이것보다 한 단계 더 높은 것이었다; "바울에게서 뇌물을 받기 원한다"는 표현에서 우리는 저자가 베스도의 속마음과 동기를 간파하고 있었음을 알 수 있다(행24:26).[38)]

독자

"암시적 저자"에 추가하여 내러티브에는 "암시적 독자"가 존재한다.[39)] 이 독자들의 판별은 더 복잡하다. 다루고자 하는 본문이 서간체가 아니라 내러티브일 경우 이는 본문 속에 있는 한 사람의 견해 속에 포함된다. 디모데에게 보내는 편지의 독자들은 편지들 자체 안에서 디모데에 대한 많은 정보를 얻는다. 그러나 내러티브의 독자들은 책의 헌사에서 발견되는 것과 같은 자료에 주로 의지할 수밖에 없다. 사도행전의 경우 근대의 독자들은 이 책의 원래 독자(수신자)인 "데오빌로"가 "각하(most excellent)"로 표현되고 있으며, 그가 이 책을 통해서 기독교에 대해서 가르침을 받고 있음을 배운다. 그러나 이러한 지식은 사도행전에서 말미암은 것이 아니라 누가복음(1:3-4)에서 온 것이다.

편집적 선택

내러티브 연구에는 또 다른 요소가 있다. 이는 누가복음에서와 마찬가지로 사도행전의 경우에서도 쉽게 결정될 수 없는 것으로 복음서들의 편집

---

38) G. Osborne 은 이것을 전지(omniscience)의 "심리적인 공간"이라 부르고 앞의 예 가운데 필자가 규정한 이런 종류의 지식을 "공간적 조망"으로 표시하였다. *The Hermeneutical Spiral* (Downers Grove, Ill.: InterVarsity, 1991), 156.

39) 1장의 2번 단락을 보라.

에 대한 연구에서 중요하게 다루어지는 요소이다. 이를테면, 무엇이 생략되고, 무엇이 추가가 되었느냐에 대한 관찰이다. 그것을 더 상세하게 말하자면, 우리는 누가복음을 마가복음과 비교하여 (비슷하게 마태복음을 심지어 요한복음과 비교할 수도 있다) 누가가 추가한 것을 볼 수 있다 (누가가 저술의 시점에서 마가복음을 사용했다고 가정하고). 이것은 그가 아마도 추가하려고 했던 것으로 이전에 생략하려고 했거나 아니면 생략했던 것이다. 비록 이전의 사도행전에 관한 연구들이 다양한 원천들을 가정하고 있지만 우리는 내러티브의 연구에서 그 어떤 종류도 추정할 수 없다. 우리가 여기서 할 수 있는 것은 단지 관찰이다. 예를 들어 누가는 길고 무거운 스데반의 설교를 포함하고 있다(7장). 하지만 초대교회의 주의 만찬, 성찬의 예식에 대해서 어떤 언급도 하지 않는다. 누가는 사도 바울의 법정 변호를 광범위하게 소개하며 여기에 바리새인 앞에서 한 편, 그리고 세상 권세자들 앞에서 거의 세 편의 설교를 포함시키고 있다 (행 22:30-26:32). 이러한 사실들을 관찰하는 것이 내러티브 연구의 한 분야이고, 이를 내러티브 비평이라고 일컫는다. 그러고 왜 누가가 이런 선택을 하였는지를 증명하는 것은 해석의 과정이고, 이를 우리는 내러티브 신학이라고 말한다.[40)]

문학적인 도구들

다른 문학적인 장르와 같이 내러티브는 매우 많은 양의 정보들을 다양한 문학적인 도구들을 사용하여 기술할 수 있다. 단어의 형태(반복, 동의어의 사용, 극단적 대치, 단어들의 중첩/오버랩, 근접 용어들, 등등)와 감정을

---

40) 예를 들자면 다음을 보라: D. S. Huffman, "The Theology of the Acts of the Apostles: Lukan Compositional Markedness as a Guide to Interpreting Acts" (Ph.D. diss., Trinity Evangelical Divinity School, 1994). 저자는 누가복음과 마가복음을 비교하는 가운데 사도행전의 신학을 접근해 가는 도구로 누가의 편집 기술에 대한 분석을 사용하였다.

나타내는 색감 있는 단어들, 대구가 사용된다. 이 모든 것들은 각색된 느낌의 파편, 아이디어, 생각의 방향과 행동 혹은 인물의 변화를 독자들에게 전달할 수 있다. 심지어 신학적인 논제라 할지라도 이들은 내러티브가 사건들을 독자들에게 해석하는 방법을 통해서 맥락이 잡힌다. 전체적인 이야기는 어느 정도 변형이 되어 제시되기도 하지만, 어떤 때는 거의 복사에 가까울 정도의 집념으로 반복되어질 수 있다. 사도행전에는 이와 관련하여 세 가지 중요한 사건이 있다; 고넬료의 회심(실제적인 반복은 아니지만, 다시 보고되고 있다), 바울의 회심(바울에 의해서 세 번에 걸치는 그의 사명의 회상과 함께 보고되고 있다), 그리고 재판 장면의 반복이다(비록 서로 상당한 차이점을 가지고 있지만).[41] 그러므로 내러티브의 독자들은 저자가 무엇에 대하여 대화하기 원하는지 아무런 단서도 가지고 있지 않다고 말할 수 없다. 바로 이것이 사도행전의 해석자들에게 매우 중요한 것들 가운데 하나이다.

내러티브를 문학의 한 장르로 생각하고 연구하는 것은 매우 유용한 훈련이다. 우리는 항상 독자들이 본문이 무엇을 말하는지를 관찰하고 또한 말하지 않는 것은 무엇인가를 눈여겨 볼 수 있도록 하여, 이 책이 문학적 기술에 있어서 해석학적으로 봉인된 박스가 아님을 깨닫도록 하여야 한다. 물론 이 책도 또한 하나님의 영감으로 쓰인 말씀이다. 그럼에도 불구하고 사도행전은 팔레스타인과 나머지 로마 제국의 일상적인 삶의 실질적 세계를 반영하고 있다. 사도행전의 인물들은 단지 지면상에 등장하는 가상적인 인물들이 아니다. 이들은 곧 사도행전에서는 언급되어지지 않지만 친구들과 함께 식사를 한다거나 목욕을 한다거나 시장에서 생각을 교환하는 "바깥세상"에서 사는 실제적인 인물들이다. 바울은 실제적인 관원들에 의해서 체포가 되어서 실제적인 감옥에 갇혔다. 그러므로 이 책의 다음 부분에서는 사도행전의 해석에서 배경(사회적, 지형적, 역사적, 그리고 종

41) G. Osborne, *Hermeneutical Spiral*, 161-62.

교적)이 가진 중요성에 대해서 살펴볼 것이다.

내러티브 신학

내러티브 비평이 내러티브의 문학적인 요소를 분석하는 반면, 내러티브가 전달하는 의미를 해석하는 작업은 내러티브 신학에 속한다. 좋은 내러티브는 다른 가치 있는 모든 문학들이 그러하듯 항상 반응을 이끌어 낸다. 때때로 반응은 독자(혹은 청중들)에게 맡겨진다. 어떤 때는 저자가 직접 반응이 어떠해야 하는지 그 방향의 정도를 지시하기도 한다. 고대의 그리스의 드라마에 나타나는 합창은 어떤 일이 벌어졌는지 설명하며 또한 청중들을 도와 그들이 어떻게 반응해야 하는지 가르쳐 준다. 내러티브에서는 "암시적 저자"가 "암시적 독자"에게 적절한 반응에 대한 실마리를 제공할 수 있다.

그러나 단지 저자가 내러티브에서 일어나는 특정한 사건들에 대하여 사람들이 어떻게 반응하는지 기록하였기 때문에 오늘날 우리도 이와 동일하게 반응해야 한다는 생각은 바람직하지 않다. 아나니아와 삽비라에 대한 판결과 관련되어 일어난 두 가지 반응들이 이러한 점을 잘 말해준다. 그들의 죽었다는 소식을 전한 후 누가는 "온 교회와 그 일을 듣는 사람이 다 크게 두려워하니라" 말하였다(행5:11). 이 경우에 "두려움"은 분명하게 신자에게든지 비신자에게든지 적절한 반응이며, 추측하건데 독자들에게도 그러할 것이다. 성경은 자주 하나의 적절한 의미에서 하나님을 두려워해야 할 존재로 가르친다. 다른 면에서 보자면 거의 바로 그 다음에 사도들에 의한 기사와 이적의 행함에 대한 언급이 등장한다. 누가는 "그 나머지는 감히 그들과 상종하는 사람이 없으나 백성이 칭송하더라" 지적하였다(5:13). 독자들은 기독인이 되는 것과 교회의 구성원이 되는 것을 거절하도록 강요받지 않았다. 이보다 우리는 성령께서 역동적으로 개입하시는 교회의 일원들이 가볍게 다루어져서는 안된다는 점을 깨달아야 될 것이다.

또 다른 예로, 루스드라에서 청중들이 기적에 대한 반응으로 바울과 바나바를 신으로 경외한 사건을 들 수 있다. 내러티브에 의해서 전달되는 메시지는 우리가 모방하기에는 곤혹스러운 반응이다. 반대로 바울과 바나바의 반응이 아마도 우리가 어떻게 대응해야 되는지 전달하고 있을 것이다. 바울과 바나바가 어떤 일들이 벌어지고 있는지 정확하게 인식하였을 때 이들은 그들을 급하게 만류하였다. "두 사도 바나바와 바울이 듣고 옷을 찢고 무리 가운데 뛰어 들어가서 소리 질러 가로되 여러분이여 어찌하여 이러한 일을 하느냐 우리도 너희와 같은 성정을 가진 사람이라. 너희에게 복음을 전하는 것은..."(행14:14-15).

내러티브에서 설교로 이동하였을 때 누가는 교훈을 좀 더 분명히 설명하고 원하는 반응들을 덜 모호하게 지적할 수 있었다. 저자가 원했던 반응들의 예들은 다음과 같다: 회개와 세례(행2:38), 믿음(10:43; 10:38-39), 그리고 임박한 심판에 의한 회개(17:29-31). 반대로 빌립보의 간수는 내러티브 진술 속에서 주어진 어떤 연설이나 심지어 대화도 없이 저자가 원하고 있는 이러한 반응을 하고 있다. 바울과 실라가 찬송을 하는 것을 들은 후에 간수는 지진과 죄수들의 탈옥 때문에 두려워하였다. 그는 "주여, 내가 무엇을 하여야 구원을 얻으리이까?" 물었다(행16:30). 구원이란 주제가 가진 중요성과 빈도를 잘 이해한 독자라면 성경적인 사고 안에서 이 긴박한 상황 위의 있는 의미를 보는 데 어떤 어려움도 없을 것이다.

우리는 성경의 내러티브에서 신학적인 계시를 찾는 독자들이 여러 가지 방편으로 도움을 받고 있다는 사실을 지금까지 확인했다. 첫째, 보다 넓은 문맥 안에 어떤 단락을 놓고 생각하는 것은 내러티브와 대화의 확장된 범위를 제공한다. 그 안에서 독자들은 단락의 중요한 점들을 한 눈에

볼 수 있는 신학적 주제들을 찾을 수 있다. 둘째, 내러티브 안의 등장인물들은 도덕적인 모델을 제시할 뿐 아니라 믿어 순종하거나 혹은 믿지 아니하는 그 자신의 삶을 통해 "하나님의 길"을 조명하여 준다. 이런 이유로 우리는 내러티브에서 등장인물에 관하여 살펴보지만 아울러 하나님에 관하여서 살펴보아야 한다. 우리는 하나님을 기쁘시게 하는 사람과 또한 그렇지 못한 사람을 발견한다. 이것이 의미하는 바는 내러티브가 예를 들어 어떤 믿음 있는 사람을 중요하게 기술할 때, 우리는 단지 믿음만이 얻어낼 수 있는 중요한 가치라고 배우는 것이 아니라, 아울러 믿음의 대상인 하나님의 신실하심도 배우게 된다. 세 번째, 내러티브의 이동과 심지어 시간의 배열도 가르침의 수단이 된다. 어떤 공간도 낭비되지 않는다. 모든 내러티브는 신학적 진리를 전달하는 데 충분한 공간을 가지고 있다. 이는 저자가 내러티브의 많은 공간을 할애하여 기술하는 주제들이 우리 신학에서 이에 상응하는 강조점을 가진다는 뜻이다. 넷째, 저자들은 자기 자신에 대해서 많은 이야기들을 할 수 있으며, 이런 언급을 통하여 저자들과 또한 그들이 가진 신학적인 관점을 이해하도록 돕는다. 현대의 한 독자로서 우리는 저자가 처음에 그렸던 독자들의 성격을 이해할 수 있으며 또한 이런 이해를 통하여 내러티브가 의도하는 신학적 적용들을 살펴보는 데 사용할 수 있다.

제4장
사도행전의 설교들

연설들은 사도행전에서 많은 지면을 차지하고 있다.[42] 이들은 원래의 구어적 형태뿐만 아니라 문어적 형태에 있어서도 하나의 특이한 전달매체이다. 주전 5세기 투키디데스에 의해서 기록된 페리클레스의 유명한 장례식 연설과 같은 고대 저술의 연설부터 요즘 현대 대중매체들로부터 흘러나오는 연설에 이르기까지, 연설은 간접적인 진술이 전달할 수 없는 긴박감을 불러올 수 있다.

어떤 점에서 연설들은 내러티브보다 더 해석이 용이하다. 이들은 권면적인 진술을 포함하고 있다. 그렇기 때문에 이들은 내러티브 보다는 서간문에 더 가깝다. 그렇기 때문에 연설들은 서신서들과 같이 자신의 본문에 대하여 그리고 저자나 혹은 연설자 그리고 독자나 혹은 청중 사이에 공유된 인식에 대하여 세심한 주의를 가지고 관찰할 것을 독자들에게 요구한다. 그럼에도 불구하고 연설과 내러티브는 서로 밀접하게 연결되어 있다. 어떤 서신서들이 자신 안에 내러티브 단락을 포함하고 있는 것과 같이(예: 고전15:3-8, 갈1:13-2:14), 사도행전의 어떤 연설들은 내러티브 단락을 가지고 있다(예: 행7:2-47, 22:2-21). 이들은 바로 1세기의 역동적인 내러티브 신학의 모습을 잘 나타내고 있다(!).

---

42) M. A. Powell의 계산에 따르면(*What Are They Saying about Acts* [New York: Paulist, 1991], 30) 사도행전에 있는 약 1000절 중에 300절 이상이 다양한 등장인물들이 말하는 연설들로 구성되어 있다.

연설들의 역사적 가치

연설들과 내러티브 간의 차이점 때문에 연설의 역사성에 대한 논제는 내러티브에 상응할만한 요소들을 가지고 있지 않다. 대화와 같은 평상적인 기록에서는 한 사람이 일반적인 상황들이나 관련된 이야기들을 말하면서 연속된 사건들을 설명할 수 있다. 그러나 한 말들을 회고할 경우에는 간접적으로 인용하거나 이를 요약하게 된다. "그녀는 '그 건물이 북남 쪽 축이 더 길고, 16층짜리입니다'고 말하였습니다"는 상세한 정보를 전달하고 있다. 그러나 "그녀가 말하기를 그 건물은 직사각형이며 높습니다"가고 말하는 간접인용은 이 건물에 대한 이해에 있어서 약간의 여지를 두고 있다. 사도행전의 연설들은 직접적인 인용이며, 우리에게 연설한 말 그대로 옮겨왔다는 인상을 주고 있다. 그러나 사실 이들은 전부는 아니더라도 대다수의 연설이 생략 되어서 기록된 것이다. 그러나 우리의 논점은 이런 단순한 문학적 수법에 대한 관찰을 뛰어넘는 것이다.

사도행전의 연설이 가지고 있는 역사적 가치에 대한 논점은 왕성하게 논의가 되어왔고, 특히 Martin Dibelius가 이 주제를 가지고 책을 쓴 이후로 더 활발해졌다.[43] 역사성에 대한 의견들은 매우 다양하게 개진되었다. 이 연설들이 실제적으로 말하여진 것에 의존한 것이라고 보는 전통적인 관점에서부터 이들이 각각의 사건들에 맞게 각색되어진 누가의 작품이라는 견해로 보는 다양한 이론에 이르기까지 의견들의 양상은 폭넓다. 이 다양한 이론의 양 끝에 있는 학자들은 모두 투키디데스와 다른 연설자들이 사용한 연설의 방식에 동의한다. 투키디데스는 연설자의 입에 "그 상황에

---

43) 무엇보다 그의 책 *Studies in the Acts of the Apostles*, ed. H. Greevan, trans. M. Ling (London: SCM, 1956) 가운데 한 장인 "The Speeches in Acts and Ancient Historiography" (1949); 또한 보라, E. Schweizer, "Concerning the Speeches in Acts," in *Studies in Luke-Acts: Essays Presented in Honour of Paul Schubert*, ed. L. E. Keck and J. L. Martyn (Nashville: Abingdon, 1966; reprint, Philadelphia: Fortress, 1980), 208-16.

적당한 말들"과 "청중들을 이해시키는 데 효과적인 말들"을 넣었다고 말하였다. 이 같은 방식으로 투키디데스는 자신이 전체 연설의 실제적인 단어들에 의미를 주었다고 주장하였다.[44] 어떤 사람들은 실제 쓰인 단어들을 가능한 한 표기하려고 한 투키디데스의 조심스러움을 강조할 수 있을 것이고, 또 어떤 사람들은 말 그대로를 옮겨 적지 않은 그의 위치를 강조할 수도 있다. 우리는 이 두 편이 취하고 있는 논증에 대해서 간략하게 정리할 것이다.

먼저 어떤 이들은 사도행전에 나타난 연설들이 간략하게 제시되고 있다는 점에서 이들의 정확성에 대해서 이의를 제기할 수 있을 것이다. 우리는 요약된 연설을 듣고 있는 것이다. 그러나 여기서의 논증은 요약 그 자체에 대한 것이 아니다. 왜냐하면 이러한 요약은 연설의 보고에서 보편적으로 필요하기 때문이다. 이보다 이 문제는 내용과 흐름에 관련한 기억과 그 정확성에 대한 것이다. 행10:3-6과 30-32에 나타난 두 개의 진술은 연설들이 아니라 대화체로 된 보고들이다. 누가가 두 가지 사건을 다 기록하고 있음에도 불구하고 천사의 대면에 대한 서술(3-6)을 고넬료가 베드로에게 설명하는 내용과 문자적으로 일치시키지 않고 있다는 점이 주목할 만한 사실이다.

이러한 경우에 오고가는 정확한 진술들은 예수님의 경우와 마찬가지로 좀처럼 주목되거나, 추앙되거나, 기억되지 않는다. 심지어 복음서들 사이에서도 그의 말들은 서로 일치하지 않는다. 더 나아가 어떤 경우들에서는 누가에게 이야기가 직접적으로 전달되지 못할 때도 있다. 예를 들면 두 개의 개인적인 대화가 사도행전에 등장한다. 하나는 베스도와 아그립바 사이의 대화이고(25:13-22), 다른 하나는 아그립바와 버니게 사이의 것이다(왕과 총독과 버니게와 그 함께 앉은 사람들이 다 일어나서 물러가 서로 말하되, ... , 26:30-32). 여기에 착안하여 Dibelius의 전통을 따르는

44) *History of the Peloponnesian War* 1.22.1.

사람들은 연설들은 누가가 가진 신학적인 관심을 반영하며 또한 누가는 자기가 원하는 대로 각색했다고 주장하였다. 그러나 정확한 말씀이 영감을 통해서 누가에게 주어질 수 있다는 점을 사람들이 인식할 수 있다면, 이것은 역사적인 검토를 초월하는 것이며, 또한 1세기의 독자들도 어쨌든 이러한 정확한 말씀을 기대하지 않았다는 점을 간과해서는 안된다.

하지만 사도행전에 등장하는 연설들이 누가를 통해 매우 조심스럽게 기록되고 있음을 발견한다. 누가복음과 마태복음을 비교하자면, 예를 들어 언어적인 차이는 핵심적인 내용을 변형시키지 않았다. 일반적으로 F. F. 브루스 교수가 말하는 바와 같이 누가는 진술의 정확함에 심혈을 기울이고 있다.

> 사도행전의 설교들은 누가가 기록한 역사기술의 앞부분을 제외하고 이해해서는 안된다. 누가복음 안의 설교들은 헬라 문학이 가지고 있는 역사기술의 방법을 누가와 같이 전수받지 못한 다른 두 공관복음의 것들과 비교될 수 있다. 이런 비교의 기초를 토대로 공관복음을 공부하는 학생들이 도달하게 되는 결론은 누가가 그의 기술의 기초가 되는 말씀들의 자료들을 매우 신빙성 있게 다루고 있다는 점이다. 누가가 그가 다루고 있는 자료들의 신빙성을 증명해 낼 수 있는 연설들의 보고를 훌륭하게 수행하고 있다면 우리는 어떤 결정적인 이유 없이 누가가 덜 신뢰할만하다고 가정해서는 안된다.[45)]

사도행전의 연설들에 대하여 어떤 사람들이 투키디데스의 진술을 토대로 묘사한 결론은 충분히 정확하지도 않을뿐더러 정확하게 적용되고 있지도

---

45) F. F. Bruce, *The Speeches in the Acts of the Apostles* (London: Tyndale, 1942), 8. 약 20여 년 전 F. C. Burkitt은 Bruce의 관찰에 대하여 확장된 논쟁을 제시하였다; Burkitt, "The Use of Mark in the Gospel According to Luke," *BC*, 2:112-16.

않다. 이 말은 투키디데스가 다른 이들이 생각하는 것보다 더 정확하게 연설의 실제적인 표현에 가까이 가고 있다는 것을 의미한다. 여기에 더하여 누가의 신학적인 관심이 그의 자료들의 것과 다르다고 가정하는 것도 잘못된 것이다. 저자가 그의 자료들을 변형하여 자기의 생각을 표현하고 있다고 가정하는 것은 적절하지 못한 것이다. 이는 마치 주어진 상황 속에서 행한 연설의 적절성이 역사가가 그 내용을 조작했음을 제시한다고 가정하는 것과 마찬가지다. 누가는 어떤 자료들을 사용하고 어떤 자료들을 배제해야 하는지 생각하고 있었다. 그는 사도행전에 자료들을 포함시키기 위해서 선별하였으며, 신빙성 있게 제시하였으며, 이 연설들과 사건들은 가장 효과적으로 그의 메시지를 형성화하고 있다.

Conrad Gempf는 고대 문학의 배경 안에서 이러한 포괄적 논제에 대하여 상세하고 적절한 접근을 우리에게 제시하고 있다.[46] 그의 논문의 요약에서 Gempf는 다음과 같이 말했다.

> 이러한 진술들을 놓고 '정확한가?' 아니면 '조작인가?(invention)'를 묻는 근대적인 카테고리들은 잘못된 개념적 도구이다. 이보다는 진술들이 어떤 역사적 사건들에 대하여 신뢰할만한가 아니면 그렇지 아니한가의 문제로 간주되어야 한다. 고대의 역사적 사건들 가운데 포함된 대중적 연설들은 두 가지 양면적 목적을 가지고 있다고 보다야 한다. 역사적 사건에 대해서 적절해야 한다는 점과 역사적 진술 전체에 대하여 적절해야 한다는 점이다.[47]

간단한 몇 줄의 인용만으로는 Gempf의 연구와 논의가 다루고 있는 바를 적절하게 나타낼 수 없다. 연설이란 주제를 가지고 일차적 그리

46) "Public Speaking and Published Accounts" in *The Book of Acts in its Ancient Literary Setting*, ed. B. W. Winter and A. D. Clarke (Grand Rapids: Eerdmans, 1993), 259-303.
47) Ibid., 259.

고 이차적 문헌을 검토해야 할 모든 사람들은 Gempf의 도움을 꼭 받도록 조언한다.

이런 모든 것들이 해석에 어떻게 영향을 미치는가? 어떤 한 연설이 신빙성이 있건 없건 간에 진술은 처음에는 해석보다 그것이 가진 역사적 가치에 더 적합하게 보인다. 만약 어떤 사람이 사도행전을 단지 문학적인 수준에서 외적인 현실과는 독립된 하나의 닫힌 체제 안에서 내러티브로 이해하여 접근한다면 연설들은 실제적 사건에 대한 추가적 설명 없이 그 이야기들 안에서만 해석되어야 한다. 그렇다고 여기에 역사적인 기초가 없다는 것을 의미하는 것이 아니다. 이 보다는 한 번 이야기가 시작되면 독자들은 이제 전적으로 이야기 안에서만 느끼게 된다는 뜻이다. 이러한 접근에는 역사적 증명이 필요치 않다. 왜냐하면 역사적 보충이 필요치 않기 때문이다.

그러나 만약 사도행전의 사건과 연설이 실제적인 세계에서 일어났다면 주어진 연설에 담겨진 모든 요소들이 역사적인 상황에 또한 연결되는 것이 당연하다. 원인과 결과의 관계가 연설의 내용과 이것을 이끌어가는 사건들(행14장에 기록된 바나바와 바울의 숭배에 대한 거부) 혹은 뒤따르는 사건들(행7장에 기록된 스데반의 순교; 행17장의 마지막에 등장하는 바울이 아덴에서 설교한 후 디오누시오와 다마리 사이의 대화) 사이에 존재한다. 이렇게 연설은 단지 저자들의 문학적 창작이 아니라 해당한 사건들에 대한 연설자들의 진정한 가르침으로 연구될 수 있다. 그러나 어떤 이들은 실제적인 문맥에서 연설을 해석하는 것은 우리가 지금 가지고 있는 바와 같은 연설들의 구성에서 누가의 손을 제외하는 것이 아님을 아직도 주장하고자 한다. 만약 그렇다면 누가는 아마도 그 자신의 해석을 그 안에 담았을 것이다. 그러나 복음서의 경우에서와 마찬가지로 논점은 저자가 실제적으로 말하여진 것을 왜곡시켰는지 아니면 정확하게 해석하였는지에 대한 논의에 집중된다. 그럼에도 사도행전의 연구자들은 본문 그대로에 대해서 충실해야 하며 주어진 연설자(거기에 실제적인 연설자가 있다면)가 말하거나 혹은 말하지 않은 것에 대한 추측을 시도하지 말아야 한다. 사도행전의 저자는 누가이며, 독자는 누가의 내러티브를 각색하지 말아야 한다.

연설들의 분석

각각의 연설들은 여러 관점들을 통해 분석된다.

1. 길이

연설이 얼마나 긴가? 다른 것들과 비교하여 얼마나 많은 새롭고 반복적인 정보들을 포함하고 있는가? 이러한 분석이 우리에게 연설이 가진 중요성을 제시할 수 있을까?

가장 긴 연설은 사도행전 7장에 나와 있는 스데반이 산헤드린 앞에서 한 연설이다. 왜 누가는 이스라엘의 역사에 대한 재조명과 이스라엘 민족의 하나님의 사역자들을 향한 반복된 반역을 내용으로 하는 이 한사람의 개인적인 변증을 담기 위해서 이렇게 많은 공간을 할애하였는가? 이 부분은 계속되는 이야기의 전개를 위해서 필요치 않아 보인다. 또한 복음적인 메시지를 가지고 있지 않다. 그러나 이 부분은 유대인들과 그들이 "길"이라 부르는 새로운 분파 사이의 관계에 대한 어떤 전망을 제시하고 있다. 또한 이 단락은 열두 사도 외의 복음 설교자의 중요성을 보여주고 있다. 사도행전 1:8을 따라 복음의 확장을 제시하는 것이 누가의 기술에서 중요한 것처럼, 또한 이 복음의 확장을 위해서 새로운 세대, 말하자면, 설교자의 새로운 세대가 필요하다는 것을 보여주는 것도 그에게는 중요하였다.

바울이 그의 재판에서 행한 연설은 모두 특별할 정도로 길지 않다. 그러나 함께 묶어서 볼 때 이들은 그의 연설들 가운데 가장 폭넓은 부분을 차지한다. 이 점이 사도행전의 변증적인 측면을 잘 드러낸다. 스데반의 연설도 변증적인 것으로 간주할 수 있기 때문에, 연설의 이러한 변증적인 기능은 사도행전에서 축소되어 이해되어서는 안된다.

가장 짧은 연설은 예루살렘의 권세자들이 베드로가 성전에서 고친 한 사람에 대하여 질문한 것에 대하여 베드로가 행한 답변이다(4:8-12). 이것의 중요성은 그 길이에 있는 것이 아니라 그 자리한 문맥에 있다. 이 연설은 특별하게 예수님의 이름이 가진 중요성을 다루고 있다. 예수님의 이름은 질문과 대답 양쪽에서 언급되고 있으며, 자주 인용되는 확신의 구절인 12절에서 종결된다. 또한 이 연설은 동일한 주제로 사람들에게 행한 좀 더 긴 연설의 뒤에 위치하고 있다. 추가적으로 이 연설이 일어나고 있는 내러티브 단락은 3장과 4장을 거의 점령하고 있다. 연설의 길이가 중요하기 취급되기 때문에, 이 연설은 다른 요소들을 연결하여서 살펴보는 가운데 평가되어야 할 것이다.

2. 내용과 주제들

어떤 주제들이 어떤 강조점을 가지고 다루어지고 있는가? 어떻게 이러한 주제들이 서로 상호연결 되고 있는가? 주어진 연설의 주요 내용들과 그 주제에 대한 분석은 해석의 일반적 부분이기 때문에 별다른 주목이 여기서 대하여 필요치 않다 보인다. 그러나 이 주제들에 대한 연구는 매우 어려운 부분이다. 예를 들면, 사도행전에 7장에 나타난 스데반의 설교가 그러하다. 그의 연설에서 스데반은 유대인들이 가진 하나님과 구약의 선지자들을 향한 반감을 언급하고 있다. 이러한 언급은 스데반이나 누가가 가진 반유대적인 정서를 부분적으로 내포하고 있는가? 물론 이것은 매우 광대한 질문이다. 그러나 우리가 다루고자 하는 논점은 연설 그 자체가 가진 기능에 관한 것이다. 그러면 반유대적 주제에 대하여 사도행전이 일관성 있게 기술하고 있는가? 여기에 대하여 우리는 비시디아 안디옥의 회당에서 유대인과 경건한 사람들에게 행한 사도바울의 연설을 예로 들어 설명할 수 있다. 이 연설은 비록 유대인들이 예수님을 거절하였음을 언급하고 있음에도 반유대적 색체를 발견하기 어렵다.

주제(theme)는 논점(topic) 이상의 것이다. 이것은 특정한 관심들(concerns)을 연결하여 펼친 것이다. 사도행전의 연설들에서 사람들은 단지 한 연설에서만 말하여지는 것이 아니라 다른 여러 연설들에도 나타나는 주제를 찾으려 한다. 여기서 편집자로서 누가의 역할을 굳이 거론하지 않더라도, 자신이 가진 특정한 관심들을 표현하는 요소들을 보존하려고 하는 어떤 보편적 경향이 사도행전에 있다고 우리는 확신한다. 이러한 점은 보편적으로 받아들여지고 있는 편집비평의 한 단면이다. 복음서를 다룰 때처럼, 우리는 저자가 그의 자료들로부터 특별히 적절한 요소들을 함유하고 있는 정보들만을 선택하여 보존하려 한다 할지라도 놀라서는 안된다. 이러한 선택은 이러한 자료들의 내용이 신빙성이 없으며 역사적으로 부정확하다는 것을 의미하지 안는다.

아레오바고에서의 연설 가운데 사도바울은 아덴 사람들을 향하여 δει σιδαιμονεστέρους 라고 언급하였다(행17:22).[48] 이 언급은 바울이 이방인 청중들에 대하여 가진 태도를 긍정적(매우 종교적이다)으로 아니면 부정적(매우 미신적이다)으로 나타내고 있는가? 이것이 한 쪽이든 아니면 다른 쪽이든 강한 표식이 될 수 있다면, 이 표현이 이교도들을 대표하는 어떤 주제적 초상이 될 수 있는가? 이에 대한 대답은 아레오바고의 행한

48) 역자 주) δεισιδαιμονεστέρος는 형용사(비교급)로 긍정적으로 "하나님을 (더) 경외하는", "하나님을 (더) 두려워하는" 더 나아가 "경건한" 등의 뜻을 가지고 있으며 부정적으로 "미신적인"이란 뜻도 가질 수 있다. 개역성경 개정판은 이를 "종교성이 많다"로 번역하였다.

연설에서만 찾을 수 없다. 루스드라에서 바나바와 바울이 각각 제우스와 헤르메스로 추대되었을 때(14:15-18) 행한 간략한 연설에서, 바울은 이 이방인들이 미신적이라고 규정지을 수 있었으나 그렇게 하지 않았다. 사도행전의 어떤 곳에서도 이방인을 혐오하는 언급을 발견 할 수 없다. 이러한 흐름은 아덴의 연설에서도 적용될 수 있을 것이다. 바울은 여기서도 이방인들을 향한 공공연한 질책을 삼갔을 것이며, 이 단어를 양면적으로 이해하도록 의도했을 것이라고 추측할 수 있다.

사도행전의 연설들은 매우 변증적인 성격이 강하기 때문에 어떤 사람들은 사도행전의 기록 목적이 복음의 변명이라고 생각한다. 이러한 성격은 사도행전의 후반부에 등장하는 바울의 방어적 연설들뿐만 아니라, 전반부에 등장하는 다른 인물들의 연설들에서도 나타난다. 고전학자 George Kennedy는 사도행전의 인물들은 그들의 서로 다른 상황들을 복음을 전하는 기회로 사용하였다고 지적하였다.[49] Robert O'Toole은 누가가 바울의 다양한 변호 연설을 기록하면서 부활의 확신에 대한 기독교의 변호에 대하여 관심을 가지는 만큼 독자들을 향한 바울의 변증에는 별다른 관심을 보이지 않고 있다고 언급하였다.[50]

초기 기독교 변증학의 대부분은 그리스도의 신분과 그의 사역에 대한 변호를 목적으로 하였다. 법의 심판을 따라 십자가에 죽으신 예수님이 반동세력이었으므로 그는 실제적으로 하나님의 대변자가 될 수 없지 않는가? 이러한 질문에 대답하기 위해서 우리는 몇몇의 연설들을 주목해야 한다. 특별히 그리스도를 못 박은 이들의 판결에 대한 반대 변론으로 베드로의 연설을 보아야 한다(행2:22-36). 동일선상에 놓을 수 있는 사도들의 논증이 성전 문에서 사람을 고친 후의 연설에서 등장하며(3:11-26), 산헤드린

49) G. A. Kennedy, *New Testament Interpretation through Rhetorical Criticism* (Chapel Hill and London: University of North Carolina Press, 1984), 117.

50) R. F. O'Toole, *Acts 26: The Christological Climax of Paul's Defense (Ac 22:1-26:32), AnBib 78* (Rome: Pontifical Biblical Institute, 1978).

앞에서 행한 사도들의 변호에서 (5:29-32), 그리고 스데반의 연설(7:2-53)에서도 나타난다.

Marie-Eloise Rosenblatt는 체포된 뒤 따라오는 군중들 앞에서 행한 바울의 변호를 연구하였다.[51] 이 연구는 사도행전에 등장하는 연설들 속에서 누가가 어떻게 내러티브를 사용하고 있는지를 매우 흥미롭게 다루고 있다. 내러티브를 포함한 사도행전의 몇몇의 연설들의 구조들 속에는 어떤 동심원적인 배열이 존재하는 것처럼 보인다. 이것은 특히 스데반의 설교에서 두드러지게 나타난다. 첫 번째 원은 중심적 내러티브이다. 두 번째 원은 연설 자체이고, 세 번째 원은 바깥의 내러티브 구조이다. 네 번째는 정신적 구조로 저자의 보편적인 목적 혹은 개념적 전제(framework)에 해당한다. 이 같은 분석은 어떤 연설도 이것이 가진 문맥과 떼어서 고립적으로 연구될 수 없다는 것을 보여준다.

3. 문맥(Context)

내러티브 안에서 연설이 등장하는 곳은 어디인가? 누구에게 이 연설이 말하여지는가? 어떤 상황이 연설을 이끌어내고 있는가? 이러한 질문들은 연설의 연구에서 매우 기초적인 것들이다. 그러나 이러한 질문들과 그 해답의 근본적인 목적은 이러한 연설의 요소들이 현재의 우리의 상황들에 적합하게 적용되고 있는지 아닌지를 판단하기 위함이다. 우리의 상황은 성경적인 지침을 필요로 하기 때문이다. 성경과 현재의 상황 사이에서 충분한 유사성이 있어서 직접적인 적용이 가능한지 아닌지 생각해 보는 것은 매우 중요하다.

---

51) "Recurrent Narration as a Lukan Literary Convention in Acts: Paul's Jerusalem Speech in Acts 22:1-21," chap. 7 in *New Views on Luke and Acts*, ed. E. Richard (Collegeville, Minn.: Michael Glazier, Liturgical Press, 1990), 94-105.

예를 들어 아덴에서 행한 바울의 연설(행17:22-31)은 효력 없는 지식적 설교의 한 예로 부정적으로 인용되어질 수 있다. 바울이 아덴 사람들에게 복음을 직접적으로 전하지 않고 철학적인 논증을 많이 사용하였기 때문에 많은 회심자를 얻는 데 실패했다고 사람들은 추궁한다. 고전2:2-5은 바울이 아덴에서 "교훈을 배웠으며", 그리하여 철학적이고 수사적인 수단을 버리고 오직 복음만을 전하기로 하였음을 말하고 있다. 이 구절에서 바울은 고린도 교인들에게 다음과 같이 말하였다. "내가 너희 중에서 예수 그리스도와 그의 십자가에 못 박히신 것 외에는 아무 것도 알지 아니하기로 작정하였음이라 내가 너희 가운데 거할 때에 약하며 두려워하며 심히 떨었노라 내 말과 내 전도함이 지혜의 권하는 말로 하지 아니하고 다만 성령의 나타남과 능력으로 하여 너희 믿음이 사람의 지혜에 있지 아니하고 하나님의 능력에 있게 하려 하였노라."

그러나 이러한 해석은 사도행전 17장의 중요한 몇 가지 요소를 간과하고 있는 것이다. 바울은 데살로니가의 대적자들로 인하여 쫓김을 당하여 베뢰아에서 도망자와 같이 아덴에 이르렀다(17:13-15). 거기서는 그와 함께한 복음의 "팀원"들이 없었다. 실라와 디모데는 베뢰아에 머물렀고 그를 아덴까지 호위하던 사람들은 떠난 상태였다. 아덴은 상업중심 도시가 아니었고 그가 이전에 복음을 전하는데 주안점을 두었던 도시와는 전혀 다른 곳이었다. 이 도시는 해변과 가까이 접해 있었지만, 산들과 협소한 도로 때문에 육로로는 상대적으로 접근이 어려운 곳이었다. 바울의 시대에도 아덴은 여전히 유명한 도시였다. 하지만 그것은 대부분 이 도시의 찬란했던 과거와 지적인 추구에 대한 명성 때문이었다.

아덴의 회당에서 했던 바울의 연설과 여기에 연결된 시장에서의 논쟁들은 계획된 것이 아니었다. 바울은 아덴을 점령하고 있는 우상숭배에 대하여 심각하게 분노하였으며 이에 대한 가르침과 논쟁은 우발적인 것이었다. 바울이 그의 가르침에 대한 질문에 대해서 응답하였던 공회의 회집은 우연한 일이었다. 그렇기 때문에 연설의 분위기는 이런 상황에 어울리는 것이었다. 그는 설교하지 않고 설명하여 가르쳤던 것이다. 바울은 그의 청중들이 가진 신념들을 언급하면서 그가 전하고자 하는 것을 설명하고 확증하고자 하였다. 그는 어떤 사람들이 힐문하는 것과 같이 성령의 능력을 대체하기 위해서 철학을 사용하지 않았다.

현장의 상황뿐만이 아니라 바울의 연설 자체도 그가 거짓된 복음을 전하지 않았음을 증거하고 있다. 사실 이 연설은 일반적으로 다른 복음적인 설교해서 언급되는 것보다 더 많은 수의 중요한 교리들을 포함하고 있다. 여기 언급되고 있는 교리들을 정렬하면 다음과 같다(사실 더 많은 교리들이 기록되지 않았을 가능성도 있다):

1. 하나님의 창조
2. 하나님의 영원성
3. 생명의 근원자 되시는 하나님
4. 인간사와 땅의 주관자 되시는 하나님
5. 하나님의 편재
6. 하나님의 무형체성(noncorporeality)
7. 하나님의 자비
8. 하나님의 의로운 요구
9. 하나님의 공의
10. 그리스도의 약속된 심판자로서의 역할

바울은 여기서 그리스도의 부활을 설교하고 있다. 이는 이전에 그리스도의 십자가의 죽음에 대한 언급이 있었음을 예측하게 한다(고전2:2). 바울이 모든 성경적 진리를 전한 것을 생각해 볼 때 그가 여기서 단지 인간적인 논의를 하였다고 주장하는 것은 설득력이 없다.[52)]

4. 양식과 구성(Style and Composition)

내러티브의 이야기 속에서 청중들의 사회적 그리고 종교적 배경과 또한 사도행전이 의도하는 독자들의 성격을 고려할 때에 연설의 형태가 어떻게 주어진 상황들과 부합하게 되는가? 바로 전에 살펴보았듯이 사도행전 17장은 세밀하게 규정된 청중들을 겨냥한 적절한 양식의 예를 제공하고 있다. 이 설교는 비시디아 안디옥의 상황(행 13:16-41)과는 반대로 학식 있는 유대인 청중들을 향한 것이었다. 바울은 회당의 권세자들로부터 설교의 부탁을 받는다. 예수께서 가르치실 때 자주 앉아계셨던 바와는 다르게(눅 4:20) 사도는 일어서서 말씀을 전하고 있다. 바울은 유대인 회중들과 거기에 자리하고 있는 경건한 이방인들을 언급하며 말씀을 시작하였다. 설교는 이스라엘의 역사, 예수 그리스도의 삶, 그리고 죽음과 부활 가운데 드러나는 하나님의 구속사를 다루고 있다. 바울의 설교하는 스타일은 유대교의 훈계(설교) 관습에 적합한 것이었다. F. F. Bruce는 이 설교와 베드로의 설교의 유사점을 지적하는 이들에게(아마도 이들은 이 두 설교의 진정성을 인정하지 않아 보인다) 다음과 같이 응답하였다. "이 두 설교는 모두 누가에 의해서 기록된 것입니다. 이 같은 유대교 회중들을 향하여서 예수 그리스도께서 구약 시대에 맺어진 하나님의 약속을 성취하셨는지를 보여주는 것 외에 다른 어떤 방법으로 기독교 메시지를 전할 수 있겠습니까?"[53)]

바울의 연속되는 변증들은 특정한 청중들을 향하여 바울이 자기의 연설을 재단하고 있다는 추가적인 예를 보여주고 있다. 예루살렘에서 체포된 후에(행21:33) 바울은 로마 군대의 사령관에게 말할 권리를 요청하였

---

52) 이 중요한 아레오바고의 연설에 대한 참고문헌을 위해서는 다음을 보라: F. F. Bruce, *The Acts of the Apostles. The Greek Text with Introduction and Commentary*, 3d rev. and enl. ed. (Grand Rapids: Eerdmans; Leicester, England: Apollos, 1990), 379-80.

53) Ibid., 303.

다. 그는 그리스 말로 사령관에게 물은 후에 그 당시 제국의 동부에서 광범위하게 사용하였던 아람어로 군중들에게 연설하였다. 바울은 자신을 유대교의 정통적 지지자로 규정하면서 설교를 시도하였다.

> "부형들아 내가 지금 너희 앞에서 변명하는 말을 들으라" 하더라. 저희가 그 히브리 방언으로 말함을 듣고 더욱 종요한지라. 이어 가로되, "나는 유대인으로 길리기아 다소에서 났고, 이 성에서 자라 가말리엘의 문하에서 우리 조상들의 율법의 엄한 교훈을 받았고, 오늘 너희 모든 사람처럼 하나님께 대하여 열심하는 자라." (행22:1-3)

바울은 비슷한 방법으로 산헤드린 앞에서 연설을 시작하였다. 성경 본문은 그가 그들을 주시하여 보고 말하기를 "여러분 형제들아 오늘날까지 내가 범사에 양심을 따라 하나님을 섬겼노라" (행23:1) 기록하고 있다.

세속 관원들을 향한 연설들도 이에 상응하는 형태를 따르고 있다. 총독 벨릭스 앞에서 바울과 그를 고발하는 검사 모두는 상투적인 치하의 말들을 사용하였다. 더둘로가 다음과 같이 시작하였다:

> "벨릭스 각하여 우리가 당신을 힘입어 태평을 누리고 또 이 민족이 당신의 선견을 인하여 여러 가지로 개량된 것을 우리가 어느 모양으로나 어느 곳에서나 감사무지 하옵나이다. 당신을 더 괴롭게 아니하려 하여 우리가 대강 여짜옵나니 관용하여 들으시기를 원하나이다." (행24:2-4)

브루스는 다음과 같이 지적하였다: "벨릭스의 통치 아래 태평을 누린다는 아부의 말은 .... 요세푸스와 타키투스가 증거한 사실에 비교해 볼 때 매우 극명한 대조를 이루는 것이다."[54] 바울의 도입, 혹은 서론(24:10)은 이보다

더 정련되었다: "총독이 바울에게 머리로 표시하여 말하라 하니 그가 대답하되 당신이 여러 해 전부터 이 민족의 재판장 된 것을 내가 알고 내 사건에 대하여 기쁘게 변명하나이다."

아그립바 앞에서도 바울은 단어들을 조심스럽게 선별하여서 그에 대한 존경을 나타내었다:

> "아그립바 왕이여, 유대인이 모든 송사하는 일을 오늘 당신 앞에서 변명하게 된 것을 다행히 여기옵나이다. 특히 당신이 유대인의 모든 풍속과 및 문제를 아심이니이다 그러므로 내 말을 너그러이 들으시기를 바라옵나이다." (행26:2-3)

각각의 변증적 연설들은 일반적인 변호(*apologia*)에서 예상되어지는 구조를 지니고 있다. 그러나 결론은 그 예상을 뛰어넘는다. 벨릭스 앞에서 그의 연설은 죽은 자의 부활에 대한 확인으로 끝을 맺는다(행24:21). 두 사람 사이의 계속된 만남에서, 바울의 어조는 신중하게 변하였다: "그가 예수 그리스도를 믿는 믿음에 대하여 말할 때에, 의와 절제와 다가올 심판에 대해서 대화하였다"(행24:24-25). 베스도 앞에서 바울의 모습은 가이사에게 상소하는 것으로 끝을 맺는다(25:11). 버니게와 베스도를 동석하였던 아그립바 앞에서의 연설은 그가 "바울아, 네가 미쳤구나" 외칠 때에 중단되었다.(26:24).

보편적으로 사도행전의 연설들은 그 시대의 각각의 경우에 적합한 수사적인 형태를 따랐다. George A. Kennedy가 각각의 연설들에 대하여서 유용한 수사학적 분석들을 하였다: *New Testament Interpretation through Rhetorical Criticism* (pp. 114-40).

어떤 현대 학자들은 연설을 하고 있는 당사자의 양식 보다는 글을 쓰고

54) Ibid., 475.

있는 누가의 양식을 찾는 것이 더 중요하다고 주장한다. 여기서 드러나는 문제는 저자들의 소규모 편집이 아니라 대량의 합성이 의심되어지는 복음서들과 같은 유사한 점이 발견된다는 점이다. 복음서의 경우에는 평행구절이 추가적인 편집을 분별할 수 있도록 비교를 가능하게 한다. 여기에는 물론, 누가복음에 기록된 마리아의 찬송과 스가랴의 찬미나 몇몇 비유와 같이 다른 복음서에서는 찾아볼 수 없는 독특한 내용이 존재하며, 그렇기 때문에 이들은 비교연구의 대상이 될 수 없다. 그러나 이 장의 앞부분에서 밝혔듯이, 누가는 매우 믿을만한 저술가이다. 이런 점에서 사도행전에 나타난 다양한 형식의 연설에 관해서 Phillipe H. Menoud는 다음과 같은 주목할 만한 언급을 하였다:

> 누가가 스스로 베드로와 스데반과 바울의 연설들을 작성했고, 또한 그가 이들의 메시지를 통일적으로 조명하기를 원했다면, 그는 또한 어떻게 선교적인 설교들 속에 다양함을 넣을 수 있을지도 알았을 것이다. 그리고 이것은 단순히 그의 문학적 기술의 결과로 되어지는 것은 아니었다. 설교자들의 기술들에서 원래의 좋은 권위들을 가진 특별한 점들을 어떻게 하면 끌어낼 수 있는지 그는 알고 있었다. 이런 점들은 의심할 여지없이 희소했지만, 그러나 충분하였기 때문에, 이 연설들이 상당한 면에서 닮아 있음에도 서로 바뀔 수 없다. 조금 더 상세하게 들어가자면, 비시디아 안디옥에서 행한 연설의 옷을 누가가 기워냈다면, 그 중에 많은 실들은 바울에 의해서 짜인 것이다.[55)]

---

55) P. H. Menoud. *Jesus Christ and the Faith: A Collection of Studies*, trans. E. M. Paul, PTMS 18 (Pittsburgh: Pickwick, 1978), 217; G. H. R. Horsley, "Speeches and Dialogue in Acts," *NTS* 32(1986): 609-14; D. F. Payne, "Semitisms in the Book of Acts," in *Apostolic History and the Gospel: Biblical and Historical Essays Presented to F. F. Bruce on His 60th Birthday*, ed. W. W. Gasque and R. P. Martin (Grand Rapids: Eerdmans, 1970), 146-47; F. F. Bruce, "The Acts of the Apostles: Historical Record or Theological Reconstruction?" in *ANRW*, 2.25.3, ed. Wolfgang Haase (New York: Walter de Gruyter, 1985), 2582-88.

5. 기능과 중요성

앞의 모든 것들을 고려하여 볼 때 각각의 연설들은 어떤 목적들을 충족시키고 있는가? 이들은 내러티브의 흐름에 있어서 어떻게 기능하고 있는가? 어떻게 누가의 포괄적인 목적과 그의 독자들이 연설의 기능에 연결되고 있는가? Marshall의 제안을 하나의 예로 들어 누가가 초대교회의 증언들을 사도행전에서 내놓고 있다고 가정한다면 우리는 연설들이 이러한 증언들을 지지하고 있다고 볼 수도 있을 것이다.[56] 이러한 견해는 연설의 또 다른 기능들에 대한 과도한 배제를 강제하지 않는다. 이 보다 이러한 견해는 사도행전의 연설에 대한 연구에서 너무 복잡하고 불필요한 작업들을 배제시킬 수 있는 장점을 가지고 있다. 내러티브의 단락을 다루는 것과 마찬가지로 연설들을 현재의 우리가 가진 상황에 연결하여 풀려고 해서는 안 된다. 사도행전의 연설들은 우선 그 연설들이 가지고 있는 배경과 문맥을 기초로 하여서 해석되어져야 한다. 성령께서는 분명히 시대를 초월하는 성경적 원칙들을 이들을 통하여 제시하실 것이다. 그럼에도 연설들은 각각 자신들이 가진 문맥의 기능을 떠나서 이해되도록 강요되어서는 안 된다.

이러한 논제들은 이 책의 개략적인 소개를 뛰어넘어 좀 더 섬세한 연구로 독자들을 인도할 것이다. 모든 연설에 적용할 수 있는 일반적인 모델은 존재하지 않는다. 연설들 사이에 반복되어지는 주제와 구조들이 발견되어지는 것이 사실이지만 각각의 연설들은 내러티브와 신학적 기여에 있어서 자신들만의 독특한 영역과 중요성을 가지고 있다. 그러므로 이 연설들을 적절하게 해석하기 위해서 현재의 독자들은 이들이 가진 원래의 배경과 기능을 염두하고 있어야 한다.

---

56) I. H. Marshall, *The Acts of the Apostles*, NTG (Sheffield: JSOT Press, 1992), 43-63.

연설들의 요약

다음의 도표는 연설들의 배경과 기능에 대한 개요를 제공한다.

행 1:16-17, 20-22

연설자와 장소:	예루살렘의 베드로.
원인:	약 120명의 신자들이 모임; 다른 제자를 선출할 필요.
연설의 핵심:	사도직의 규정과 선출의 방식.

행 2:14-40

연설자와 장소:	오순절 날 예루살렘의 베드로.
원인:	청중들이 성령의 임하심의 현상에 대하여 질문.
연설의 핵심:	사도직의 규정과 선출의 방식.

행 3:12-26; 4:8-12, 19-20

연설자와 장소:	예루살렘의 베드로가 (1) 백성들 앞에서 그리고 (2) 산헤드린 앞에서.
원인:	구걸하는 사람을 고침과 이 일로 생겨난 질문들.
연설의 핵심:	예수 그리스도의 입증, 그의 이름의 권위, 회개의 필요.

행 5:29-32

연설자와 장소:	베드로와 다른 사도들이 예루살렘의 산헤드린 앞에서.
원인:	예수 그리스도의 이름으로 설교한 것에 대하여 산헤드린으로부터 고소당함, 그들의 규율을 따르지 않음.
연설의 핵심:	예수님을 입증하시고 높이신 하나님께 순종.

행 5:35-39

연설자와 장소: 산헤드린의 동일한 회의에서 가말리엘.
원인: 베드로와 사도들에 관한 충고.
연설의 핵심: 사도들을 내버려두고 하나님께 그 귀추를 맡기라.

행 7:2-53

연설자와 장소: 예루살렘 산헤드린 앞의 스데반.
원인: 스데반에 대한 고소-성전과 율법에 대한 신성모독.
연설의 핵심: 구약의 역사는 이스라엘이 하나님의 사자들을 반복해서 거절하였음을 보여준다. 모세가 첫째 되는 예이다. 성전은 하나님의 거처로 충분하지 않다. 그들이 하나님의 의로운 자, 메시야 예수님을 죽였다.

행 10:34-43

연설자와 장소: 가이사랴의 베드로.
원인: 고넬료와 만남.
연설의 핵심: 하나님께서는 모든 나라의 백성을 받으심. 예수님께서 하나님의 선택을 받아 선한 일을 행하셨으나, 십자가에 죽으셨다. 하나님께서 그를 살리시고, 그를 통해서 우리가 죄사함을 얻었다.

행 11:4-17

연설자와 장소: 예루살렘의 베드로.
원인: 베드로가 무할례자들(고넬료와 그의 권속)과 그들의 집에서 함께 식사를 나눈 것에 대한 추궁.
연설의 핵심: 할례에 대한 재고, 정결한 것과 더러운 것에 대한 하나님이 의도, 이방인들에게도 성령께서 오심.

행 13:16-41

연설자와 장소: 비시디아 안디옥의 회당에서 바울.
원인: 회당 지도자들에 의해서 설교하도록 초청받음.
연설의 핵심: 구약의 역사는 예수 그리스도께로 향한다; 그의 오심은 성경에서 예언되었다. 그의 부활과 그의 아들되심. 모세의 율법을 통해서 불가능하던 속죄와 칭의가 그를 통해서 가능하게 되었다.

행 15:7-11, 13-21

연설자와 장소: 예루살렘의 (1) 베드로와 (2) 야고보.
원인: 예루살렘 공의회가 이방인 신자들의 할례문제와 율법의 준수를 놓고 논의하였다.
연설의 핵심: (1) 하나님께서 베드로를 통하여서 처음으로 이방인들에게 가셨고, 그들을 구별 없이 용납하셨다. (2) 이는 구약의 예언과 동일하며, 이방인들은 특정한 행위만 삼가면 된다.

행 17:22-31

연설자와 장소: 아덴의 아레오바고 회의 앞 바울.
원인: 바울의 가르침의 성격에 대한 질문.
연설의 핵심: 그들이 모르는 창조자 하나님이 계신다, 영원한 통치자이시며, 그를 찾는 자들에게 응답하시며, 살아계시며, 의로우시다. 그가 죽음 가운데 살리신 약속된 한 사람을 통하여 세상을 심판하실 것이다.

행 19:35-40

연설자와 장소: 에베소의 서기장.
원인: 우상 판매에 대한 바울의 설교가 미친 급작스러운 영향으로 에베소에서 일어난 폭동.
연설의 핵심: 에베소의 종교적 신념은 안전하다; 바울에 대한 어떤 혐의가 있으면 그를 고소할 것이다.

행 20:18-35

연설자와 장소: 밀레도의 바울.
원인: 에베소에서 온 장로들을 작별.
연설의 핵심: 바울이 그의 사역을 충실하게 마감하였음; 그는 투옥을 피하지 않을 것이며, 장로들이 하나님께서 감독하라고 주신 양떼들을 돌볼 것을 권면.

행 22:1-21

연설자와 장소: 예루살렘의 바울.
원인: 바울이 성전에서 발견됨; 어떤 이들은 그가 성전 안으로 이방인을 데려왔다고 생각함.
연설의 핵심: 군중들 앞에서 자신의 올바름을 변호함과 예수님을 만난 것에 대한 설명과 그의 소명.

행 23:1-6

연설자와 장소: 산헤드린 앞 바울.
원인: 로마의 사령관이 왜 유대인들이 그를 대항하여 일어났는지 물음.
연설의 핵심: 바울이 하나님께 대한 자신의 충직함을 확증하고 죽은 자의 부활에 대한 자신의 신념을 주장.

행 24:1-8

연설자와 장소: 송사 더둘로, 가이사랴에서 바울의 심문을 맡은 대표자.
원인: 벨릭스 총독이 바울에 대한 송사의 이유를 물음.
연설의 핵심: 바울은 소동을 일으키는 자이며 나사렛파의 우두머리이다.

행 24:10-21

연설자와 장소: 가이사랴의 바울.
원인: 벨릭스 총독 앞의 변호.
연설의 핵심: 바울이 그가 체포된 경위를 설명, 그의 무죄를 설명하고 죽은 자의 부활이 중요한 사항임을 주장.

행 25:8-11

연설자와 장소: 가이사랴의 바울.

원인: 총독 베스도 앞의 변호.

연설의 핵심: 바울이 그의 무죄를 주장하고 가이사에게 상소.

행 26:2-29

연설자와 장소: 가이사랴의 바울.

원인: 아그립바 2세가 베스도를 방문하여 바울의 재판을 어떻게 처리해야 할지 조언을 구함.

연설의 핵심: 바울이 그의 회심과 소명을 말하고, 왜 고소를 당하였는지 설명하고 그의 정당성을 주장.

제5장

사도행전의 중심 주제

사도행전의 신학적 풍성함은 두 가지 방식으로 얻을 수 있다. 연구자는 첫째로 내러티브의 진행에서 여기저기 등장하는 개인적인 용어들과 생각들에 초점을 맞출 수 있다. 둘째로 특정한 내러티브 속에서 일어나는 신학적 틀을 중요시 여길 수 있다. 이 두 가지는 함께 섞일 수 있거나 혹은 섞여야 하기 때문에 이 둘 중에 꼭 어떤 한 가지만 취할 필요는 없다. 이는 사건들이 조각나거나 따로 고립되는 것을 막아준다. 사도행전과 같이 한 책이 더 큰 저작들의 한 부분을 이룰 때(예, 누가의 저술, 요한의 저술, 바울서신들, 베드로서신들), 그 신학적인 개요는 이 그룹에 속한 다른 책들과의 비교 가운데 날카롭게 들어날 수 있다.

사도행전 안에서 괄목할만한 중심 주제를 선별해 낸다는 것은 우리가 이 저작의 목적이나 신학적 핵심을 즉각적으로 선언할 수 있다는 것을 의미하지 않는다. 이와 같은 성급함은 사도행전뿐만 아니라 다른 성경의 연구과정에서 자주 범할 수 있는 해석적 오류 중의 하나이다.[57] 물론 사도행전의 주제들을 선별하는 과정은 누가가 마음속에 그리고 있었던 큰 목적과 혹은 지배적인 신학적 구조의 발견을 포함할 수 있다. 그러나 중심 주제를 식별하고자 하는 목적은 독자들로 하여금 사도행전이 가지고 있는 특징들에 대하여 의식하도록 만드는데 있다. 이들은 차례대로 이러한 주제들을 반영하고 있는 개별적 단락들을 좀 더 바르게 이해하도록 이끌 것이다.

57) 동일한 오류가 구약신학의 연구에 있어서 학자들이 통일된 주제를 찾으려 할 때 일어난다.

사도행전의 해석자들은 이 책의 주제들에 대해서 귀납적으로 혹은 연역적으로 연구할 수 있다. 귀납적 접근은 특정한 본문들에 대한 기초적 정보를 가지고 시작하며 일반화의 과정을 향한다. 연역적 접근은 이미 존재하는 분류에서 시작하며 특정한 예를 찾기 위해 본문을 연구한다. 우리가 다루고자 하는 주제에 대하여 어떤 본문을 이미 읽었다면 순수한 귀납적 연구는 거의 불가능하다. 그러나 다른 사람들이 우리가 연구하려고 하는 본문에 대하여 정리해 놓은 분류나 목적을 검토해 보는 것은 중요한 작업이다. 그렇기 때문에 선행한 연구에 대한 검토는 오히려 귀납적 연구를 고무하는 것이다. 분류해 놓은 주제들은 광범위하지 않으며, 그 안의 논의는 제한적이다. 추가적인 통찰이 사도행전의 주제들을 누가복음의 비슷한 것들과 비교할 때 얻어질 수 있다.[58] 또한 각주를 통해서 주어지는 서지학적 정보들이 각 주제들에 있어서 모든 중요한 학자들의 기여에 대하여 광범위하지도 또한 대표적이지도 않다는 것을 유념해야 한다. 대부분의 경우 인용들이 중요한 주제를 접근하는 방법론으로 혹은 계속된 연구를 위한 근원적 자료로 주어질 것이다. 이러한 증빙의 밑그림을 바탕으로 사도행전을 공부하는 사람들이 여기에 대하여 더 깊이 연구하고 더 나아가 이 자료에 대한 개인적인 전망과 의견을 세우도록 고무되어지기를 우리는 소원한다.

선별된 주제들

승귀하신(exalted) 그리스도

사도행전의 첫 번째 문장은 그리스도의 임박한 승천을 언급한다(행1:1-2).

58) 예를 들어 다음을 보라: Walter L. Liefeld, "Luke," in *EBC*, vol. 8, ed. Frank E. Gaebelein (Grand Rapids: Zondervan, 1984), 809-15.

그리고 그리스도와 그의 제자들의 대화는 짤막한 승천에 대한 이야기로 마감한다(행1:9). 이 후 천사들은 누가의 전형적인 표현을 빌자면 “두 사람이” 예수님의 재림을 말한다. 그러므로 누가는 그의 저작을 그리스도의 승천이 아니라, 그리스도의 재림에 대한 언급에서 시작하고 있다.

누가는 비록 암시되어 나타나고 있지만 서신서에서 말하는 바와 같이 승천이 그리스도의 승귀(承貴: exaltation)를 가능하게 하였다고 말하지 않는다. 누가복음의 진술을 회고해 보면 누가가 그리스도의 승천을 매우 중요하게 취급하고 있음을 확인할 수 있다. 승천은 눅9:51에 암시되고 있다: “예수께서 승천하실 기약이 차가매 예루살렘을 향하여 올라가기로 굳게 결심하시고”. 여기 “승천한다”에 쓰인 그리스어 단어는 “ἀναλήμψεως”이다. 이는 행 1:2에 쓰인 동사 “ἀνελήμφθη”와 동족어이며, 이 단어는 분명하게 승천을 의미하고 있다. 복음서에서 승천에 대한 내러티브는 오직 누가복음에만 기록되어 있다(눅24:50-51). 그러므로 누가는 그의 내러티브의 중요한 단락들에서 승천을 중요하게 취급하고 있다고 볼 수 있다: (1) 예수께서 가이사랴 빌립보에서의 메시아 고백과 감람산의 변모에서 그의 운명의 도시인 예루살렘으로 그의 주의를 돌리게 되는 누가복음의 중간에서(눅9:51), (2) 누가복음의 마지막에서(눅24:50-51), (3) 사도행전의 처음에서(행1:2, 9, 22). 이렇게 하여 누가-행전을 한 책으로 본다면 승천은 중간에 두 번이나 나타나는 것이다.[59)]

“승귀하신(높여지신)”이란 단어는 사도형전 2:33 베드로의 설교 가운데도 등장한다:“하나님이 오른 손으로 예수를 높이시매”. 베드로는 자주 이 뒤에 시편 110:1을 인용한다: “주께서 내 주에게 말씀하시기를, 내가 네 원수로 네 발등상 되게 하기까지 너는 내 우편에 앉았으라 하셨도다(행 2:34-35).” 연설은 확언으로 끝맺는다: “그런즉 이스라엘 온 집이 정녕 알

---

59) M. C. Parsons, *The Departure of Jesus in Luke-Acts: The Ascension Narratives in Context*, JSNTSup 21 (Sheffield: JSOT, 1987).

지니 너희가 십자가에 못 박은 이 예수를 하나님이 주와 그리스도가 되게 하셨느니라." (2:36).

사도행전에서 두 사람이 승귀하신 예수님에 대한 시각적 경험을 하였다. 스데반은 "하나님의 영광과 예수 그리스도께서 하나님의 우편에 앉아 계신 것을 보았다(7:55)." 바울은 하늘에서 홀연히 비취는 빛을 보고 "나는 네가 핍박하는 예수라(9:5)"는 음성을 들었다.

또한 사도행전에는 예수님의 승귀의 첫 번째 단계인 부활에 대한 언급이 자주 등장한다 (1:22; 2:24-32; 3:15; 4:2, 10, 33; 5:30; 10:40; 13:30-37; 17:18, 32; 23:6; 26:23). 부활과 승천은 다른 어떤 이유들보다 이들이 그리스도에 대한 하나님의 입증(vindication)을 의미하기 때문에 중요하다. 이 주제는 사도행전 2장에 기록된 바울의 설교에서 나타난다: "그런즉 이스라엘 온 집이 정녕 알지니 너희가 십자가에 못 박은 이 예수를 하나님이 주와 그리스도가 되게 하셨느니라 하니라(2:36)." 이 확증은 예수님의 부활에 대한 선언과 그의 승천에 관한 시110:1의 인용을 뒤따르고 있다.

그리스도의 승천과 승귀는 사도행전의 종말론과 견고하게 연결되어 있다. 이것은 바로 앞에 언급된 시110:1에서 분명하게 드러난다. 예수님은 그의 원수들이 그의 발등상이 되기까지 하나님의 우편에 앉아계신다. 그러므로 1장에서 천사들은 제자들이 하늘을 쳐다보고 있는 것을 예수님의 재림의 소식으로 중단시킨다: "어찌하여 서서 하늘을 쳐다 보느냐? 너희 가운데 올리우신 이 예수는 하늘로 가심을 본 그대로 오시리라 하였느니라 (1:11)."

다양한 해석이 가능한 또 다른 중요한 본문은 행3:19-21이다: "그러므로 너희가 회개하고 돌이켜 너희 죄 없이 함을 받으라 이같이 하면 유쾌하게 되는 날이 주 앞으로부터 이를 것이요 또 주께서 너희를 위하여 예정하신 그리스도 곧 예수를 보내시리니 하나님이 영원 전부터 거룩한 선지자의 입을 의탁하여 말씀하신바 만유를 회복하실 때까지는 하늘이 마땅히 그를 받아 두리라". "유쾌하게 되는 날"의 의미와 언제 하나님께서 "만물을 회복"하시는지 그리고 이 회복이 예수님의 재림 후에 이루어지는 땅의 다스림으로 이루어지는 천년왕국을 의미하는지에 대해서는 많은 논쟁이 가능하다. 이런 점에서 우리는 잠시 본문으로 다시 돌아가서 하늘나라에서의 예수님의 실재(presence)가 첫째로, 누가에게 있어서 승천 자체보다 중요하다는 점, 둘째로 이것이 종말론과 연결되어 있다는 점, 그리고 마지막으로 한시적("그가 오실 때까지")이다는 점을 관찰한다.

승귀하신 그리스도는 사도행전에서 지속되는 주제이다. 이 주제에 대한 세 가지 심화된 측면이 해석자들에게 유용한 지침을 제공한다: (1) 그리스도의 이름, (2) 그리스도의 직분, (3) 사도행전의 결말에서 바울의 변호에 나타난 기독론.

누가는 자주 예수님의 이름을 언급하고 있다.[60] 가장 직접적인 예는 행3:16이다: "예수의 이름을 믿으므로 그 이름이 너희 보고 아는 이 사람을 성하게 하였나니 예수로 말미암아 난 믿음이 너희 모든 사람 앞에서 이같이 완전히 낫게 하였느니라." 이 구절에서 두 가지 사실이 분명하게 드러난다. 첫째 예수님의 이름이 이 사람의 치유에 있어서 조력적인 역할이 아니라 직접적인 역할을 하고 있다는 점이다. "치료하는 것은 예수님의 이름이다." 둘째 "이름"이 단독으로 기능하는 것이 아니라 믿음에 연결되어 있다: "예수님의 이름 안에 있는 믿음으로..." 그러므로 그에게 있는 예수님의 이름과 그에 대한 믿음 양편을 통해서 이러한 능력 있는 치유가 효력 있게 된 것이다.

예수님의 이름은 치유뿐만 아니라 구원에서도 중요하다. "다른 이로서는 구원을 얻을 수 없나니 천하 인간에 구원을 얻을만한 다른 이름을 우리에게 주신 일이 없음이니라(4:12)." 제자들은 예수님의 이름으로 가르쳤다(4:17, 18; 5:28). 그들은 그의 이름을 위하여 비난을 받고 고난을 당하였다

60) H. Bietenhard and F. F. Burce, "Name," in NIDNTT, 2:648-56, esp. 654-55.

(5:41; 9:16). 회심자들은 예수님의 이름을 불렀으며 그의 이름으로 세례를 받았다(2:21; 10:43, 48; 22:16). 몇몇 구절들에 관하여서는 해석적인 결정이 필요하다(이를테면 예수님의 이름은 그의 임재, 그의 능력 중의 하나를 혹은 두 가지 모두를 뜻하는가? 그리고 그리스도의 이름으로 세례를 받는 것은 정확하게 무엇을 의미하는가?). 하지만 이러한 결정들은 사도행전에 나타난 모든 이름에 대한 언급들을 포괄적으로 연구하지 않고서는 가능하지 않다.

기독론에서 그리스도의 직위가 가지는 의미는 중요하다.[61] 예수님의 이름과 같이 "주"와 "그리스도"는 사도행전에서 매우 중요한 단어이다. 이것은 행2:36에서 베드로의 확증 가운데 나타난다: "그런즉 이스라엘 온 집이 정녕 알지니 너희가 십자가에 못 박은 이 예수를 하나님이 주와 그리스도가 되게 하셨느니라". 예수님을 메시아(그리스도)로 소개하는 것은 사도 바울의 전형적인 설교 방식이었다. 그리고 예수님의 주되심을 강조하는 것은 누가에게서 발견되는 전형적인 특징이다. 그러므로 예수님을 묘사하기 위해서 사용된 직위들은 단지 사도행전에서뿐만이 아니라 누가복음에서, 다른 복음서에서, 진실로 더 나아가 신약전체에서도 중요하다고 말할 수 있다.

바울의 제판과 그의 변호 모두는 바울 자신에 대한 변호로서 중요할 뿐만 아니라 그들의 기독론적 가치 때문에 연구할 필요가 있다. 군중을 향한 그의 예비적 연설에서 바울은 그가 다메섹 도상에서 본 예수님이 주라고 밝혔다(행22:8-10). 산헤드린 공회 앞의 변호에서 그는 부활을 논점으로 삼으면서 그리스도의 부활을 직접적으로 언급하였다(23:6-8; cf. 부활

---

61) 일반적으로 다음을 보라: C. F. D. Moule, "The Christology of Acts," in Studies in *Luke-Acts: Essays Presented in Honour of Paul Schubert*, ed. L. E. Keck and J. L. Martyn (Philadelphia: Fortress, 1980), 159-85; S. S. Smalley, "The Christology of Acts Again," in *Christ and Spirit in the New Testament: In Honour of C. F. C. Moule*, ed. B. Lindars and S. S. Smalley (Cambridge: Cambridge University Press, 1973), 79-93.

에 대한 후의 언급 24:15, 21). 바울은 벨릭스에게 예수 그리스도에 대한 믿음을 말하였으며(24:24), 아그립바 왕 앞에서 예수님의 이름과 다메섹 도상의 경험을 소개하였으며, 다시 한 번 이번에는 특별히 그리스도의 부활과 그의 고난을 언급하였다(26:23).

성령

성령에 대한 언급은 사도행전 전체에 걸쳐서 매우 빈번하고 균등하게 언급되고 있다. 거의 60번에 이르는 언급 가운데 십분의 일이 오순절 내러티브에서, 8장에서(사마리아와 마술사 시몬), 그리고 10장과 11장(고넬료의 회심)에서 군집적으로 발견된다. 그러나 3장, 12장 18장, 혹은 바울의 변호에서는 성령에 대한 언급이 없다. 단 한 차례 누가는 “예수의 영”(16:7)을 사용하였다.

누가복음은 성령에 대해서 깊은 관심을 투영하는 것으로 일반적으로 알려져 있다. 이는 특별히 출생의 기사와 4장 그리고 공생애의 시작에서 발견된다. 사도행전에서 성령에 대한 언급은 더 심화되고 있으며, 성령은 다양한 인물들과 상황들 가운데 더 역동적으로 묘사되고 있다. 오순절과 다양한 회심들 속에서 나타나는 성령의 강림과 함께 성령에 대한 언급들은 다음과 같이 사도행전에 등장한다;

1. 예수님의 부활 후 가름침에서(1:2)
2. 성령의 오심과 성령 세례에 대한 예수님의 가르침에서(1:5, 8, 33, 38)
3. 성경의 영감에서(1:16; 4:25; 28:25)
4. 사도들과 다른 인물들의 성격과 사역에 대해서
   (4:8; 6:3, 5; 7:55; 11:24; 13:9; 20:22)

5. 성령을 속인 아나니아와 삽비라의 사건에서(5:3, 9)
6. 빌립의 선도에서(8:29, 39)
7. 바울의 회심과 교회의 계속된 상황에 대해서(9:17, 31)
8. 하나님께서 이방인을 받아들이셨다는 언급에서(10:45-47; 15:8)
9. 바울과 바나바의 임무에서(13:2, 4)
10. 예루살렘 공회의 결정에서(15:28)
11. 성령님의 인도하심에서(16:6, 7; 20:22)
12. 예언에서(20:23; 21:4, 10-11)

이렇게 성령님은 기독인의 삶과 사역의 모든 중요한 순간마다 관여하고 계신다. 이는 그가 아직까지도 유효한 분이시다는 것을 환기하기 위해서 성령님의 사역에 대한 몇몇의 산재한 구절들을 언급하는 문제는 아니다. 무엇보다 사도행전의 내러티브가 신학을 가르치고 있다면, 이 책은 성령께서 여전히 이 시대에도 하나님의 백성들 속에서 활동하고 계심을 가르칠 것이다.

이 사실은 행2:17-18에서 인용된 욜2:28-29의 말씀을 통해서 강화되고 있다: "하나님이 가라사대 말세에 내가 내 영으로 모든 육체에게 부어 주리니 너희의 자녀들은 예언할 것이요 너희의 젊은이들은 환상을 보고 너희의 늙은이들은 꿈을 꾸리라 그 때에 내가 내 영으로 내 남종과 여종들에게 부어 주리니 너희가 예언할 것이요." 이 말씀이 먼저 요엘을 통해서 계시되고, 그 후에 베드로를 통해서 말하여지고, 마지막으로 누가를 통해서 기록되고 있다는 것을 주목할 필요가 있다. 이 말씀의 중요성에 대한 삼중적 증언이다. 성령님에 대한 분명한 가르침은 그가 마지막 날(오순절)에 "부어지며", 모든 시대의 사람들을 감동하실 것이라는 사실이다. 이 둘은 모두 예언을 통해 확인된다.

누가는 성령님의 사역을 회심에서 묘사한다. 사도행전 7장에 나타난 회심의 순서(특별히 성령을 주심과 세례)에 대한 질문과 이 사건이 규범적인지(normative) 아니면 서술적인지(descriptive)에 대한 결정을 놓고 논의가 계속되고 있다.[62] 여기서 우리가 놓치지 말아야 할 것은 성령을 주심은 이방인들을 하나님께서 받으셨다는 증거일 뿐만이 아니라 회심의 과정에서도 중요한 요인으로 작용하고 있다는 사실이다. 행19:1-7은 여기에 대한 증거이다. 바울이 여러 제자들에게 그들이 믿을 때 성령을 선물로 받았는지 물을 때, 그들은 성령에 대해서 들어보지 못했다고 대답하였다. 그들은 성령에 대해서 가르쳤던 요한(막1:8)의 세례를 받았음으로 성령에 대해서 알고 있었어야 했다. 그러나 어떤 의미에서 오순절 이전에 성령님께서는 "아직"(요7:39) 이시다. 이 제자들은 "주 예수 그리스도의 이름으로" 세례를 받는 것이 필요했다(행19:5).

때로는 성령님에 대한 언급을 기대했던 곳에서 그의 사역에 대해서 어떠한 언급도 찾을 수 없다는 점이 매우 흥미롭다. 3장에 기록된 성전 문 앞에서 고침을 받는 남자의 이야기가 이런 경우이다. 치유와 관련하여 왜 성령님에 대한 언급이 없는가? 아마도 두 가지 이유를 생각해 볼 수 있을 것이다. 첫째, 이 사건과 그 후속된 내러티브의 중심점이 예수님의 이름이기 때문이다. 이 점은 4:12에서 강하게 확인된다: "다른 이로서는 구원을 얻을 수 없나니 천하 인간에 구원을 얻을만한 다른 이름을 우리에게 주신 일이 없음이니라 하였더라." 둘째, 사도행전은 성령님의 역사를 표적과 기사와 같은 일들과 연결하기 보다는 신자들의 삶, 성품, 그리고 개인적인 사역들에 더 연결하고 있기 때문이다. 이것은 모든 곳에서 성령님의 사역을 부정하는 것이 아니라, 단지 누가의 묘사에만 기초한 주장이다.

사도행전 2장에 기록된 오순절 성령강림 사건은 이 책의 가장 중요한

---

62) 역주) '규범적이다'는 말은 이 사건이 오늘날 교회에서도 모델처럼 적용될 수 있다는 것을 의미하며, '서술적이다'는 말은 그 반대로 단순히 역사적인 사건을 시술한 것으로 단회적인 사건에 그친나는 것을 의미한다.

사건일 뿐만 아니라 가장 당황스러운 사건이기도 하다. 그 중요성은 책의 처음 부분 가까이에 위치하며 또한 교회의 시작을 담기도 하는 2장에서 나타난다. 위에서 언급하였듯이 그 중요성은 요엘서 2장의 인용을 통해서 강조되고 있다.

그러나 이 사건이 당황스러운 이유는 이 사건으로부터 파생되는 다양한 추론 때문이다. 무엇이 이 사건의 진정한 의미인가? 이 사건을 설명할 수 있는 하나의 의미가 존재하는가? 이 사건은 바벨탑 사건의 반전으로 이해하도록 의도되고 있는가? 표적과 기사에 대한 요엘의 언급이 종말론적 상황을 제시하고 있다면, 성령님의 강림은 이제 하나님의 백성이 역사의 마지막에 서있다는 것을 의미하는 것인가? 약속된 성령님께서 새로운 백성들에게 오심 가운데 이 사건은 신약과 구약을 연결하여 잇는 하나님 백성들의 연속성을 의미하고 있는가? 분명한 것은 이 사건이 하나님 백성의 '능력 받음(empowering)'을 대표한다는 점이다. 이것이 확실하다면, 하나님의 백성에게 임한 성령 세례와 동일한 성령에 의한 예수님의 경험은 어떤 관련이 있는 것일까? 하나님께서 오순절에 방언의 선물을 주셨고 제국의 각지에서 온 사람들이 복음을 듣고 이해하며 하나님을 찬양하였으므로, 이 선물은 특별히 교회의 전도에 관련된 것은 아닌가? 그렇다면, 우리는 다시 환원하여 물어야 할 것이다: 누가가 (그리고 설교하고 있는 베드로가) 요엘의 예언이 가지고 있는 중요성을 발견했기 때문에, 우리도 이 사건의 중요한 의미를 요엘 예언의 성취에서 발견해야 하는 것은 아닌가? 이 사건은 하나님께서 아직도 그의 백성들 가운데 일하고 계심을 말하고 있는가? 하나님께서 그의 계획에 따라 일을 수행하고 계신다고 결정짓는 것은 자연스럽게 진리와 변함없는 하나님의 말씀(이 곳에서는 구약)이 가진 중요성을 일깨운다.

이러한 질문들은 사도행전의 해석자들이 대면해야 할 어려운 점들을 묘사할 뿐만 아니라 전체를 조망하는 가운데 어떤 특정한 단락을 이해하는 것의 중요성을 강조하고 있다. 사도행전 전체를 통해서 언급되는 중심 주제는 단락의 의미가 불분명한 곳을 해석하는 데 도움을 줄 수 있다. 사도행전의 여러 곳에서 발견되는 주제들과 잘 부합되는 해석은 올바른 해석일 가능성이 높다. 사도행전은 성령님의 사역에 대한 이해 없이 적절하게 해석되어질 수 없으며, 또한 이러한 이해 없이 오늘날 교회의 실천과 사역은 적절하게 적용될 수 없다. 주석들에서 발견할 수 있는 일반적인 논의에 추가하여 다른 학문적 저술들 가운데도 이와 관련한 중요한 논의가 개진되고 있다.[63)]

기도

사도행전은 내러티브의 여러 관점에서 기도하는 교회의 모습을 보여주고 있다. 예수님의 승천 이후에 신자들은 함께 모여 기도했다(1:14); 초기 교회는 변함없이 지속적으로 기도하였다(2:42); 베드로와 요한은 기도의 시간에 성전에 들어갔다(3:1); 기도와 말씀의 사역은 사도들이 힘쓰고자 한 것이었다(6:4); 그리고 그들은 기도하며 그들의 다른 책임을 감당할 사람들에게 안수하였다(6:6); 스데반은 그가 죽을 때에 기도하여 자신을 돌로 치는 자들의 죄를 사하여 줄 것을 간구하였다(7:59-60); 사도들은 사마리아인들이 성령을 받게 되기를 기도했다(8:15); 바울은 그의 회심 후에 기

---

63) 1981년까지 여기에 대한 유용한 논의들이 다음에서 발견된다: M. M. B. Turner, "The Significance of Receiving the Spirit in Luke-Acts: A Summary of Modern Scholarship," Trinity Journal 2 NS (1981): 131-58. 여기에 소개된 논문 가운데 중요한 논문 둘이 있다: J. D. G. Dunn, *Baptism in the Holy Spirit: A Re-examination of the New Testament Teaching on the Gift of the Spirit in Relation to Pentecostalism Today* (London: SCM; Naperville, Ill.: Allenson, 1970), *Jesus and the Spirit: A Study of the Religious and Charismatic Experience of Jesus and the First Christians As Reflected in the New Testament* (London: SCM; Philadelphia: Westminster, 1975). 사도행전 2장을 다루는 유용한 논문들 중에는 M. M. B. Turner 의 "Jesus and the Spirit in Lucan Perspective," *Tynbul* 32 (1981): 3-42 가 있다.

도하였다(9:11); 베드로가 죽은 도르가를 위해서 기도했다(9:40); 고넬료의 기도를 하나님이 들으셨다(10:2, 4, 30-31); 베드로가 환상을 보았을 때 기도했다(10:9); 기독인들이 베드로가 감옥에서 풀려나도록 기도했다(12:5); 바울과 바나바와 기도와 금식으로 보냄을 받았다(13:3), 그리고 그들이 기도와 금식함으로 장로들을 세웠다(14:23); 바울과 그의 동료들이 빌립보에서 기도의 거처를 찾았다(16:13, 16); 바울과 실라가 감옥에서 기도하고 하나님을 찬양했다(16:25); 바울이 에베소의 장로들을 떠날 때에 기도했다(20:36); 바울이 예루살렘 성전에서 기도했다(22:17); 배가 좌초할 때 기도했다(27:29); 바울이 멜리데에서 보블리오의 부친을 기도하여 고쳤다(28:8).

사도행전에서 보이는 기도의 빈번한 등장은 복음서에 나타난 누가의 강조와 일치를 이룬다. 기도는 위기와 변화의 때에 드려졌다. 이 중요성은 누가복음을 다른 복음서와 비교했을 때 잘 드러난다. 오직 누가복음에서만 예수님의 세례(눅3:21)와 변화산 사건(눅9:29)에서 기도를 언급하고 있다. 이와 같이 사도행전의 신자들도 변화와 위기의 시점에서 기도하고 있다. 주의 승천 후의 (오순절 바로 전) 기도가 그런 경우이다(행1:14). 그리고 사도들이 예수님의 이름으로 전하고 가르치는 것을 금지 당하였을 때도 하나님께 나아가 담대함을 구하며 기도하였다(4:24, 30).

복음서에서도 누가복음만이 예수님께서 열두제자들을 세우시기 전에 기도하셨음을 놓치지 않고 있다(눅6:12). 이와 동일하게 사도들은 유다를 대신하여 다른 사람을 제자로 세우려 할 때도 기도하였다: “뭇사람의 마음을 아시는 주여 이 두 사람 중에 누가 주의 택하신바 되어 봉사와 및 사도의 직무를 대신할 자를 보이시옵소서” (행1:24-25). 그리고 교회가 바나바와 사울을 선교사로 파송할 때에, 그들은 금식하며 기도하는 가운데 그들을 파송하였다(행13:1-3). 그러므로 기도는 기독교 사역에 있어서 근원적인 부분이며, 무엇보다 하나님의 인도하심이 필요한 때는 특별히 더

욱 그러하다.

그러나 예수님은 위급한 상황에만 기도한 것은 아니다. 기도는 예수님의 일반적인 모습이다(눅5:16; 9:18; 11:1). 이와 동일하게 사도행전에서 누가는 기도를 신자 스스로 헌신되어야 할 모습으로 언급하고 있다(행2:42, cf. 6:4). 사도행전의 기도는, 그러므로 하나님의 뜻과 사역을 성취시키는 도구이다. 기도는 하나님의 인도하심을 찾는 것이다. 위기의 때에 사람의 운명을 하나님께 드리는 것이며, 매일의 삶에서 하나님의 생생한 교제를 누리는 방법이었다.

이러한 연구는, 비록 간략한 것이지만 기도의 중요성을 상기시키며 아울러 사도행전에 언급된 기도의 다양한 근거와 정황에 대한 연구를 촉진시킨다.[64]

찬양

하나님에 대한 찬양은 누가복음과 사도행전의 반복되는 주제이다. 성전은 찬양하기에 적당한 곳이며, 누가복음에서도 그리고 유대교에 뿌리를 둔 기독교를 기반으로 한 사도행전에서도 중요한 상징적 역할을 하고 있다. 누가복음의 마지막 부분인 예수님의 승천 이후에 제자들은 하나님을 찬송하기 위해서 성전으로 향하였다(눅24:53). 사도행전의 초두에서 신자들은 성전과 집에서 함께 만나 하나님을 찬미하였다(행2:47). 이 찬송은 사람들이 고침을 받았을 때 드려졌으며(행3:8-10), 사람들은 두려움과 놀라움으로 하나님의 역사하심을 인정하였다. 이와는 반대로 헤롯 아그립바 1세가

64) P. O'Brien, "Prayer in Luke-Acts," *TynBul* 24 (1973): 111-27; A. A. Trites, "The Prayer Motif in Luke-Acts," in *Perspectives on Luke-Acts*, ed. Charles H. Talbert, PRS Special Studies 5 (Danville, Va.: Association of Baptist Professors of Religion, 1978; Edinburgh: T.&T. Clark, 1978), 168-86.

하나님께 찬송을 드리지 않음으로 비극적인 죽음을 맞게 되었다(행12:23). 이런 일들에 대한 누가의 지적은 하나님을 찬양하는 송영의 중요성에 대한 그의 평가를 가르쳐준다.

행2:47에 사용된 구절, “하나님을 찬양한다(αἰνοῦντες τὸν θεόν)”는 여러 가지 동사의 형태로 여섯 차례 누가행전에서 나타나지만(눅2:13, 20; 19:37; 행2:47; 3:8, 9),[65] 다른 신약성경에서는 요한계시록에서 단 한 차례(계19:5)를 제외하고 발견되지 않는다. 그리고 제자들이 예수님의 승천 이후에 하나님을 찬송한 또 다른 표현인 “εὐλογῶν τὸν θεόν(Blessing God)”는 누가복음 1:64과 2:28에서 발견된다(이 동사는 누가복음에서 다른 문장구조로 자주 등장한다).

가난과 부요함

누가복음과 사도행전 모두에서 흐르고 있는 소유에 대한 내용을 찾아내는 것은 어렵지 않다. 이러한 언급은 매우 많고 여러 다른 문맥들에서 서로 다른 강조점을 가지고 등장하고 있다. 그렇기 때문에 해석자들은 이런 주제를 집중적으로 다루고 있는 누가의 목적에 대해서 서로 일치하지 못하고 있다.[66] 1980년대와 1990년대 신약성경의 사회적 배경에 대한 관심의 증가와 함께 가난과 부요를 누가의 글들에 나타난 사회적 배경으로 이해하려는 시도가 있었다.[67]

이러한 내용은 사도행전 보다 누가복음에서 두드러지게 나타난다. 예

---

65) 이 구절은 눅24:53에서 다르게 나타난다.

66) W. Pilgrim, *Good News to the Poor: Wealth and Poverty in Luke-Acts* (Minneapolis: Augsburg, 1981).

67) D. B. Kraybill and D. M. Sweetland, "Possessions in Luke-Acts: A Sociological Perspective," PRS 10 (1983): 215-39; J. H. Neyrey, *The Social World of Luke-Acts: Models for Interpretation* (Peabody, Mass.: Hendrickson, 1991); L. T. Johnson, *The Literary Function of Possessions in Luke-Acts*, SBLDS 39 (Missoula: Scholars Press, 1977).

수님께서는 자주 이러한 주제로 말씀하셨다. 누가복음 16장은 부와 관련된 내용에 거의 지면을 할애하고 있다: 불의한 청지기에 대한 비유(1-9), 하나님을 섬길 것인가? 아니면 돈을 섬길 것인가?(10-13), 바리새인들에 대한 가르침 "누가 돈을 사랑하는가?"(14-15), 그리고 부자와 나사로(19-31). 예수님은 제자도를 말씀하실 때 자기 소유를 포기할 것을 말씀하셨다(눅12:22-34; cf. 14:25-33). 예수님은 부자의 연회에 대해서 말씀하셨고(눅12:35-48), 부자의 소유에 대한 비유도 말씀하셨다(눅12:13-21)

사도행전에서 이 주제는 표면에서는 불분명하게 보이지만, 초대 교회가 자신들의 소유를 서로 나누는 장면에서는 예외적으로 분명하게 나타난다(행2:44-45; 4:32-5::11). 여기를 가까이 살펴보면 가난과 부에 대한 누가의 지속적인 관심을 사도행전에서 발견하게 된다. 베드로는 걸인에게 자신이 은과 금을 가지지 않았다고 대답하였다(3:6). 히브리파 사람들과 헬라파 사람들의 갈등은 물질보다 더 깊은 것이었지만, 음식의 분배를 놓고 불거졌다(6:1). 마법사 시몬이 돈을 드려서 영적인 능력을 얻으려고 하였다(8:18-19). 시몬의 이런 요구에 대한 베드로의 대답은 엄중하였다: "내가 하나님의 선물을 돈 주고 살줄로 생각하였으니 네 은과 함께 네가 망할지어다"(8:20). 누가는 에베소에서 불사른 마술사들의 책의 가치를 은 오만으로 정확히 환산하였다(행19:19). 또한 에베소의 폭동이 근본적으로 우상숭배를 사도 바울이 비판함으로 그 도시의 은대장장이들의 수입이 급감한 경제적인 이유에 기인하고 있음을 언급하고 있다(19:23-27). 심지어 사도행전의 마지막에서 누가는 로마에서 바울이 기거하고 있는 집이 세를 내어 얻은 집임도 언급하고 있다(28:30).

종말론

누가신학에서 가장 잘 알려진 주제들 가운데 하나는 종말론이다. Hans

Conzelmann에 의해서 독일어로 출판됐다가 1960년대에 영어로 번역된 책이 여기에 대한 새롭고 확장된 논의를 불러왔다. 그의 책, 『누가의 신학(The Theology of St. Luke)[68]은 누가가 세 가지 단계의 구속사의 체계를 가지고 있다고 제안하였다: (1) 그리스도에게로 이끄는 시간, (2) 예수님 자신의 시간, (3) 교회의 이어지는 시간. 매우 복잡한 논리적 구조를 통해 전달되고 있지만, Conzelmann이 가지고 있는 누가의 종말론에 대한 견해는 단순하다고 말할 수 있을 것이다. 그의 이론은 초기의 기독인들이 예수님의 승천 이후에 즉각적인 재림을 기대하였으나, 이것이 늦어지자 실망하였음에 대한 중요한 가정에서 출발한다. 그의 주장에 따르자면, 누가는 이러한 "재림의 지체(delay of the parousia)"를 설명하는 기재를 고안한 것이 된다. Conzelmann과 같은 학자들은 누가복음에서 그의 재림 전의 확장된 시간을 언급하는 예수님의 말씀의 표지(overlay)를 찾아낸다. 이것이 누가가 전통을 재편집하는 방식으로 생각되어진다. Conzelmann의 누가복음에 대한 견해는 혼합된 반응을 불러일으켰다. 그러나 이 지면을 통하여 세세하게 논의할 필요는 없다.[69]

사도행전의 종말론에 관해서 생각해 보자면, 누가는 즉각적으로 종말론적인 관심을 드러내면서 글을 시작하고 있다. 글의 서두에서 누가는 예수께서 부활 후 가르치시는 가운데 왕국에 대해서 말씀하고 계심을 지적하고 있다. 제자들은 그에게 물었다: "주께서 이스라엘 나라를 회복하심이 이 때니이까?"(행1:6). 예수님께서는 이 논의를 이렇게 제한하셨다: "때와 기한은 아버지께서 자기의 권한에 두셨으니 너희의 알바 아니요"(행1:7). 그리고 예수께서 승천하시자, 흰 옷을 입은 두 사람이 말하였다: "너희 가운데 하늘로 올리우신 이 예수는 하늘로 가심을 본 그대로 오시리라

68) Trans. G. Buswell (New York: Harper & Row; Philadelphia: Fortress, 1961).
69) 간단한 논의를 위해서는 다음을 보라: C. H. Talbert, "Luke-Acts," in *The New Testament and Its Modern Interpreters*, ed. E. J. Epp and G. W. Macrae, SBLBMI 3 (Atlanta: Scholars Press; Philadelphia: Fortress, 1989), 301-4.

하였으니라"(행1:11). 오순절의 베드로의 설교는 그 당시를 "마지막 때"로 간주하였으며, 요엘의 종말론적 예언을 그 때에 맞는 것으로 적용하였다 (행2:17-21).[70)]

사도행전에서 종말론과 관련하여 가장 중요하고 또한 어려운 본문 중 이 하나는 행3:12-26이다. "유쾌하게 되는 때(times of refreshing)"(19)와 "만물의 회복"(21)이라는 표현은 성경 안과 성경 밖의 문학적 사용들과 면밀히 연계해서 검토할 필요가 있다. 이 구절은 앞으로 이스라엘 민족의 미래에 대하여 매우 중대한 암시를 가질 수 있다.[71)] 이스라엘을 포함한 예언적 말씀은 행15:16-18에서도 발견된다. 여기서는 믿음을 가진 이방인들과 유대인들의 관계가 다루어진다.

종말론은 심지어 바울이 아덴에서 행한 설교에서도 발견되다. 바울은 하나님께서 "정하신 사람으로 하여금 천하를 공의로 심판할 날을 작정하셨음"(행17:31)을 확언하였다. 이 주제는 매우 신중한 연구를 필요로 하며, 무엇보다 하나님의 백성과 연계하여서 수행되어야 한다.[72)]

구원과 은혜

구원은 누가복음과 사도행전에서 모두 중요한 주제이다.[73)] "구하다"는 동

---

70) 역주) 요엘서의 말씀은 70인역을 근거로 할 때 "이 날들 후에"로 시작되고 있으나 누가는 이를 "마지막 날들에"로 변형시켰다.

71) 이 구절과 관련하여 매우 탁월한 논문이 있다: W. Robert Shade, III, "The Restoration of Israel in Acts 3:12-26 and Lukan Eschatology" (Ph.D. diss., Trinity Evangelical Divinity School, 1994).

72) 여러 작업들 가운데 K. S. Giles의 글이 추천할 만하다: "Present-Future Eschatology in the Book of Acts (1)," *RTR* 40 (1981): 65-71 과 "Present-Future Eschatology in the Book of Acts (2)," *RTR* 41 (1982): 11-18. 가장 최근의 연구는 J. T. Caroll을 통해서 이루어졌다: *Response to the End of History: Eschatology and Situation in Luke-Acts*, SBLDS 92 (Atlanta: Scholars Press, 1988).

73) 이 주제에 대한 포괄적인 연구를 위해서는 다음을 참고하라: I. H. Marshall, Luke:

사는 누가복음에서 17차례 등장하며, "구원자"는 두 번(그러나 마태복음과 마가복음에서는 사용되지 않았다), 그리고 "구원"을 뜻하는 두 개의 그리스어 단어들이 6차례 사용되었다. 사도행전에서 이러한 뜻을 가진 단어들은 22차례 사용되었다("구하다" 13번, "구원자" 2번, 그리고 "구원" 7번). 여기 잘 알려진 예들이 있다:

"누구든지 주의 이름을 부르는 자는 구원을 얻으리라 하시니라" **(행2:21)**

"다른 이로서는 구원을 얻을 수 없나니 천하 인간에 구원을 얻을만한 다른 이름을 우리에게 주신 일이 없음이니라 하였더라" **(행4:12)**

"주께서 이같이 우리를 명하시되 내가 너를 이방의 빛을 삼아 너로 땅 끝까지 구원하게 하리라 하셨느니라 하니 이방인들이 듣고 기뻐하여 하나님의 말씀을 찬송하며 영생을 주시기로 작정된 자는 다 믿더라" **(행13:47-48)**

"선생들아 내가 어떻게 하여야 구원을 얻으리이까 하거늘, 가로되 주 예수를 믿으라 그리하면 너와 네 집이 구원을 얻으리라" **(행16:30-31)**

"그런즉 하나님이 이 구원을 이방인에게로 보낸신 줄 알라, 저희는 또한 들으리라" **(행28:28)**

누가복음에서 누가는 주 예수 그리스도를 하나님의 구원을 가져오시는 분으로 소개했다. 사실 그는 하나님의 구원이셨다(눅2:30). 이 진리는 사도행전에서 다시 반복될 필요는 없다. 이보다는 구원의 범위가 사도행전에서는 이방인, 죄인들, 그리고 사회적으로 소외된 모든 부류의 사람들에게 열려져서, 하나의 지형적 그리고 사회적 범위들을 관통하게 되었다. 복음

Historian and Theologian (Grand Rapids: Zondervan, 1971) 특히 77-222. 사도행전에 관한 최근의 글에서 Marshall은 교회의 증인을 그의 책의 주제로 삼았으나 구원의 기술에서 중심에 놓치는 않았다: *The Acts of the Apostles*, NTG (Sheffield: JSOT Press, 1992) 47-81.

의 확장에 대하여 사도행전 전장에 걸쳐서 등장하는 요약들은 제사장들을 포함한 많은 유대인들이 믿게 되었음을 보여주고 있다. 그러나 구원의 소식은 이방인의 세계까지 뻗어나갔으며, 누가는 유대인들이 복음을 거절할 때마다 이 복음을 즐겁게 받아들이고 있는 이방인들에게 구원이 수여되고 있음을 강조하고 있다. 사실 위에 인용한 행28:28이 보여주듯이 사도행전은 이러한 주제로 끝을 맺고 있다.

관련된 단어인 "은혜"는 신학적인 용어이다. 어떤 사람들은 이 단어를 사도행전 보다는 서신서에서 기대하였을 것이다. 그럼에도 이 단어는 여러 차례 관찰된다(누가복음에서 8번; 사도행전에서 17번). 어떤 경우에 이 단어는 별 의미가 없이 사용되기도 한다(행2:47에서 "호의"라는 의미로 쓰일 때). 그러나 어떤 경우에 개인 안에서 행하시는 하나님의 사역을 지칭하기도 한다(행6:8, "스데반, 하나님의 은혜와 권능이 충만한 사람"). 이 단어의 사용은 아마도 사도행전에서 한 테마를 이룬다고 말할 정도로 충분하지는 않다. 그러나 하나의 의미 있는 소주제로 탐구의 가치가 있다.[74]

하나님의 주권과 신적 필요(divine necessity)

누가-행전을 관통하여 흐르고 있지만 중요한 규범적 용어에 관련되어 있지 않기 때문에 쉽게 간과되어지는 주제가 신적 필요이다. 이는 어떤 일이 하나님의 주권적 계획을 성취하기 위해서 수행되어야 함을 뜻한다. δεῖ(~해야 한다)는 누가의 책에서 매우 자주 중요하게 사용되었다. 신약 성경에서 이 단어는 거의 100여 차례 사용되었는데, 누가복음에서 18번, 사도행전에서 22번 사용되었다.[75] 이는 사도행전 17:26에 나와 있는 바와 같이

74) J. Nolland, "Luke's Use of Χάρις," *NTS* 32 (1986): 614-20.

75) 그리고 사도바울에 의하여 24번 사용되었다는 점이 매우 흥미롭다. 누가복음에 사용된 단어들의 통계에 대해서는 다음을 참고하라: L. Gaston, *Horae Synopticae Electronicae:*

신적 의도가 누가 신학에 있어서 매우 중요한 흐름을 차지하고 있다는 것을 우리에게 보여준다. 이러한 관심은 누가복음의 초두에서 예수님께서 그의 부모에게 아버지의 일을 "행하여야 함"을 성전에서 말할 때에 발견된다(눅2:49). 또 다른 괄목할만한 구절은 눅13:32-33로 여기서 예수님은 "그러나 오늘과 내일과 모레는 내가 갈 길을 가야 하리니 선지자가 예루살렘 밖에서는 죽는 법이 없느니라" 말씀하셨다. 이 구절은 여러 복음서에서 표현되고 있는 예수님의 고난 예언에 '당위(must)'의 의미를 심도 있게 추가하면서 강화시키고 있다. 이는 하나님의 뜻이었으며, 예수님은 이를 성취하셔야 했다(cf. 눅 9:22; 17:25; 24:7, 26; 행17:3). 이 단어는 우리가 예상치 못한 곳에서 등장하기도 한다; 방탕한 아들의 비유에서 아버지는 말하기를 "우리가 즐거워하고 기뻐하는 것이 마땅하다"(눅15:32).[76)]

δεῖ의 사용을 통한 하나님의 주권에 대한 관심은 사도행전에서도 계속된다. Charles Cosgrove는 이 단어가 "세 가지 면들"로 표현되고 있음을 관찰하였다: (1) 선포적 역사의 근원됨 (2) 명령, 순종을 요구하는 설교, (3) 신적 예지(providence).[77)] 이들 모두는 독자들로 하여금 구약 시대에 선언되고 시작되었으며 그리스도 안에서 성취된 하나님의 구원 계획에 일치하는 역사에 대한 인식을 고조한다.

누가는 하나님의 주권적인 계획을 여러 가지로 펼쳐나간다. 유다의 계승자에 대한 선택은 그 중의 한 예이다. 베드로는 말하기를 "한 사람을 선택하여 세워야 하리니 ... 이 사람들 중의 하나가 증인이 되어야 하리라" 하였다(행1:21-22). 그리고 그들은 기도하기를, "뭇 사람의 마음을 아시는 주여 이 두 사람 중에 누가 주의 택하신바 되어 봉사와 및 사도의 직무를

Word Statistics of the Synoptic Gospels, SBLSBS (Missoula: Society of Biblical Literature, 1973).

76) Walter L. Liefeld, "Luke," in *EBC*, vol. 8, ed. Frank E. Gaebelein (Grand Rapids: Zondervan, 1984), 874-75, 985.

77) C. H. Cosgrove, "The Divine δεῖ in Luke-Acts," *NovT* 26 (1984): 168-90.

대신할 자를 보이시옵소서" 하였다(행1:24-25). 그리스도에 대한 하나님의 인증은 그의 주권을 나타내는 표현으로서, 누가는 자주 이를 구약의 예언을 통해서 나타내었다. "그가 하나님의 정하신 뜻과 미리 아신 대로 내어준바 되었거늘 너희가 법 없는 자들의 손을 빌어 못 박아 죽였으나 하나님께서 사망의 고통을 풀어 살리셨으니"(행2:23-24). "이 예수는 너희 건축자들의 버린 돌로서 집 모퉁이의 머릿돌이 되었느니라"(행4:11). "하나님의 권능과 뜻대로 이루려고 예정하신 그것을 행하려고 이 성에 모였나이다"(행4:28).

바울은 하나님의 주권을 아레오바고에서 사람들의 행사와 연관하여 설명하였다: "인류의 모든 족속을 한 혈통으로 만드사 온 땅에 거하게 하시고 저희의 연대를 정하시며 거주의 경계를 한하셨으니"(행17:26).

누가는 하나님의 주권과 예지를 단순히 사건에 대한 기술을 통해서 보여주고 있다. 빌립이 병거에 타고 있는 에디오피아 내시를 만나기 위해서 인도되고 있는 것(행8:29), 베드로와 고넬료에게 환상이 임한 시간(행10장), 아시아와 비두니아로 가고자 하는 계획을 가진 바울을 마게도냐로 가게하시는 하나님의 강제하심(16:6-10), 그리고 마지막으로 사도행전의 힘찬 피날레(28:25-31)와 같은 예들은 하나님의 신적, 의도적 사역을 잘 나타내고 있다.

하나님의 백성

사도행전 당시에 유대인들에 대한 책임과 면책에 대한 논란은 학자들간에 매우 흥미로운 논쟁거리이다. 누가는 반유대적(anti-Semitic)인 인물인가? 지금 "유대인에게로 먼저" 나아간다 말하지만, 이제부터 더 이상 회당을 방문하지 않겠다, 선언하는 바울의 태도에서 보는 바와 같은 이중적 대립이 왜 사도행전에서 보이는가? 이러한 주제를 연구하기 위해서는 누가복음과 사도행전 전체를 포괄적으로 연구해야 한다. 그러나 하나님의 백성에 대한 누가의 생각을 간략하게 검토하는 것으로 연구의 문을 열 수 있다.

누가복음은 예루살렘에서 시작하여 예루살렘에서 끝을 맺는다. 예루살렘은 예수님의 운명의 도시이다. 서론 후에 누가는 성전 안에 있는 사가랴에 대한 내러티브를 시작한다(눅1:5-25). 그리고 복음은 예수님의 승천 이후에 제자들이 예루살렘으로 돌아오면서 끝을 맺는다(눅24:50-53). 사도행전은 예루살렘에서 시작하여 로마에서 막을 내린다. 이러한 지형적인 설계는 그 자체로 하나님의 백성의 확장을 그리고 있다. 그러나 누가복음의 서두에는 이 주제와 개연성은 있어 보이지만 중요해 보이지 않는 한 사건도 기록되어 있다. 이는 마리아가 아기 예수님과 성전에 있을 때 시몬이 한 말이다: 시몬은 축복하기를 "보라 이 아이는 이스라엘 중 많은 사람의 패하고 흥함을 인하여 ... "(눅2:34). 이 말씀에 대한 정확한 의미를 밝히는 것 외에 복음이 유대인들에게 다양한 반응을 일으키고 있는 사회적 문맥 가운데 누가가 이러한 "패함과 흥함"을 어떻게 바라보았는지에 대한 물음도 함께 존재한다.

그러나 누가는 복음에 긍정적으로 반응하는 유대인들을 매우 유심히 바라보고 있다. 그렇기 때문에 그가 유대주의에 대해서 부정적인 반응을 보인다고 하여서 누가를 반유대주의자로 몰아세우는 것은 불공평하다. 확실히 그는 유대인들을 냉철하게 비평하기 위해 설교의 말씀들을 인용하고 있다(행2:23). 그러나 로마의 법정도 함께 비판하고 있다(4:27). 계속해서 얼마 후 바울이 회당의 회중들에 의해서 배척을 당할 때조차 그는 유대인들 가운데 믿는 이들과 이방인들을 함께 환영하고 있다(행17:5-12).

사도행전은 이방인 신자, 고넬료의 의미 깊은 수용과 이방인들의 수용에 대한 예루살렘 공회의 논쟁을 함께 기록하고 있다. 전자의 경우에 베드로는 "하나님께서 사람을 외모로 취하지 아니하시고 각 나라 중 하나님을 경외하며 의를 행하는 사람은 하나님이 받으시는 줄을" 깨달았으나, 이 말씀이 "이스라엘 자손들에게 보내졌다"(행12:34-36) 연설하였다. 후자의 경우에, 베드로는 이를 연결하여 "하나님이 이방인들로 내 입에서 복음의 말씀을 들어 믿게 하시려고 오래 전부터 너희 가운데서 나를 택하셨다"(행15:7) 고백하였다. 하나님께서는 유대인과 이방인을 차별하지 않으셨다(15:9). 그럼에도 불구하고 야고보는 공회를 이끌어 이방인 신자들이 유대인들을 위해서 어떤 편의를 수용하도록 요청하였다(15:13-29).

그러므로 사도행전은 하나님의 백성의 연합을 강조하고 있으며 복음이 모든 사람을 향하여 열려있음을 가르치고 있다. 결과적으로 이런 생각들은 이방인들의 회심을 더 강조하고 있는 것이 사실이다(28:23-28).[78]

교회와 전도

사도행전과 같이 초대 교회의 역사를 다룬 책이 오늘날의 전도 사역과 관련하여 교회의 모습을 세우는 데 많은 도움을 줄 것을 기대할 수 있다. 사도행전의 많은 부분이 여러 곳에서 이런 일들을 다루고 있지만 그것은 단지 밑그림에 지나지 않는다. 사도행전은 교회의 성장을 다루고 있지 그 완성된 구조를 다루고 있지 않다.

얼마동안 사도행전은 "초기 보편교회(early catholicism)"라 불리는 주제로 빈번하게 논의가 되었다. Ernst Käsemann은 신약성경의 어떤 부분들은 더 완성적인 교회의 형태를 보여주려는 경향을 가지고 있다고 제안했

78) 사도행전의 유대인들에 대한 주제를 포괄적으로 연구하기 위해서는 다음을 참고하라: R. L. Brawley, *Luke-Acts and the Jews: Conflict, Apology, and Conciliation* (Atlanta: Scholars Press, 1987); J. B. Chance, *Jerusalem, the Temple, and the New Age in Luke-Acts* (Macon, Ga.: Mercer University Press, 1988); J. T. Sanders, *The Jews in Luke-Acts* (Philadelphia: Fortress, 1987); J. B. Tyson, ed., *Luke-Acts and the Jewish People: Eight Critical Perspectives* (Minneapolis: Augsburg, 1988); J. B. Tyson, *Images of Judaism in Luke-Acts* (Columbia, S.C.: University of South Carolina, 1986).

다.[79] 이러한 시도들은 서신서에 나타나는 교회의 직원들에 대한 언급과 같이 교회를 세우는 리더십의 구조에 대한 내용과 관련이 있다.

이러한 주제들은 이 책의 범위를 뛰어넘는 것으로, Käsemann의 제안들에 대한 검토는 I. Howard Marshall, Ronald Fung, 그리고 Kevin Giles에 의해서 적절하게 이루어졌다.[80] 이들을 거론하기 위해서는 몇몇 구절들을 함께 생각해 보아야 한다. 행8:5-25에는 사마리아에서 신자가 되는 이들이 거론되고 있다. 누가는 이들이 예루살렘에서 사도들이 와서 안수하기 전까지 성령을 받지 못했다고 기록하였다. 이와 같은 기록은 누가가 가진 사도들에 대한 특별한 견해를 나타내고 있는 것인가? 아니면 빌립이 사마리아에서 행한 사역이 적절하지 못했다는 점을 드러내려 한 것인가? 그러나 이후에 등장하는 에티오피아 내시의 회심과 세례를 다루고 있는 단락(행8:26-40)에서는 사도들의 간섭적이고 추가적인 사역이 요구되고 있지 않음이 관찰된다.

사도행전에 나타난 사역자들의 권위에 대한 연구가 여러 해 동안 많은 흥미를 유발하였다. 이러한 연구들은 어느 정도 예측 가능한 결과를 바라보며 수행되어 왔다. 예루살렘 교회는 12사도의 인도 아래에 있었다. 교회 안에서 이들이 가진 권위의 모습은 헬라파 유대인들의 불만을 잘 다스려 가는 내용을 기록하고 있는 행6장에 잘 나타나 있다. 하지만 여전히 이 장에서도 1) 이 문제들을 해결하기 위해 누구를 선출할 것인지는 교회의 몫으로 남겨져 있으며, 2) 그 책임은 이와 같은 방법으로 선택된 사람들에

---

79) E. Käsemann, *Essays on New Testament Themes* (Philadelphia: Fortress, 1964) and *New Testament Questions for Today* (Philadelphia: Fortress, 1969).

80) I. H. Marshall, *Luke: Historian and Theologian*, enl. ed. (Grand Rapids: Zondervan, 1989), 212-15; Ronald Y. K. Fung, "Charismatic Versus Organized Ministry? An Examination of an Alleged Antithesis," *EvQ* 52 (1980): 195-214; K. Giles, "Is Luke an Exponent of 'Early Protestantism'? Church Order in the Lukan Writings (Part 1)," *EvQ* 54 (1982): 193-205; idem, "Is Luke an Exponent of 'Early Protestantism'? Church Order in Lukan Writings (continued)," *EvQ* 55 (1983): 3-20.

게 넘겨지며, 3) 사도들에게 남겨진 고유한 책임은 다스림이 아니라 기도와 가르침에 한정되었다.

복음이 땅 끝까지 전파되어 나가는 가운데 예루살렘에 있는 사도들이 온 교회를 권위 아래 두는 어떤 고정된 지위를 가지고 있는 것으로 사도행전이 묘사하는지에 대해서는 분명하게 말할 수 없다. 이와는 반대로 베드로와 야고보와 바울을 포함하여 어떤 지도자들의 그룹이 존재하였던 것으로 보인다. 그렇기 때문에 사도행전에서 사도들과 장로들을 함께 언급하고 있는 구절들을 살펴보는 것은 유익하다. 바울과 바나바가 그들의 첫 전도여행에서 되돌아오는 가운데 장로들을 세우는 것이 좋은 예가 될 수 있다(14:21-23). 바울이 에베소의 장로들에게 한 연설을 살펴보자면(행20:13-38), 권위가 아니라 오늘날 말하여지는 "섬기는 리더십"을 강조하는 가운데 바울은 한 무리로서 장로들에게 리더십의 책임을 넘겨주고 있다. 이렇게 사도행전은 리더십과 권위의 변화를 기술하고 있으며, 이는 "고착되기"보다는 "신흥발현"하는 교회의 본질적 성격에 기인한 것이다.[81]

또한 누가가 교회라는 단어를 어떻게 사용하였는지를 살펴보는 것도 초대 교회의 구조와 모습을 연구하는 데 중요한 단서를 제공할 수 있다. 행9:31에 등장하는 교회에 대한 중요한 언급을 제외하고 거의 모든 경우에서 교회는 교회들의 연합을 지칭하기 보다는 특정한 한 지역의 공동체를 의미한다. 교회의 모습과 관련해서 생각해 보자면, 행2:42-47에 기록된 바와 같은 물건을 서로 통용하는 "공산주의적" 요구가 모든 교회에 요구되었다는 증거가 희박하다. 그러나 이 같은 언급이 오순절 사건 이후에 처음으로 교회의 모습을 묘사할 때 등장하며 이후에 행4:32-37에서 다시 반복적으로 언급되는 것을 감안할 때 교회가 실제적으로 연합하여 하나가 되는 모습이 이상적인 것으로 강조되고 있다는 점을 부인하기 어렵다. 행

---

81) J. B. Tyson, "The Emerging Church and the Problem of Authority in Acts," *Int* 42 (1988): 132-45.

2:42에 나타나고 있는 가르치고 기도하며 교제하며 떡을 떼는 모습은 이러한 교회의 이상적인 부분을 대표하고 있다. "떡을 떼는 것"이 단순한 교제를 의미하는지 아니면 성찬을 의미하는지는 확실하게 규정할 수 없다. 여기에 관련된 질문들이 계속해서 생겨나고 있지만, 이 부분에 대하여 우리가 단지 확정지을 수 있는 것은 이 구절과 행20:7과 11(cf. 27:35)에 기록된 단어들이 분명하게 성찬을 의미하는 단어가 아니라는 점이다. 하지만 또 다른 추가적인 언급이 전혀 존재하지 않기 때문에 성찬이 또한 "떡을 떼다"라는 용어 안에 포함되어 있다고 가정할 수도 있다.

제6장

사도행전의 배경

내러티브 단락의 연구에는 본문과 관련 없는 배경에 대한 지식이 전적으로 필요치 않다. 그러나 본문이 바깥세상으로 열려져 있는 경우, 이를테면 본문이 실제적인 삶과 본질적으로 연결되어 있을 경우에는 이러한 지식이 큰 도움을 줄 수 있다. 배경에 대한 지식은 내러티브 안의 행위가 이 행위가 일어나고 있는 시간과 공간 속의 실제적인 상황과 어떤 연관이 있는지 생생하게 가르쳐준다. 성경은 그 자신의 문화를 말하고 있기 때문에 우리가 더 상세하게 그 문화에 대해서 이해할수록 더 깊이 성경의 메시지를 이해할 수 있으며 이렇게 하여 이를 우리의 삶에 적용할 수 있게 된다.

사도행전은 몇몇의 특정한 문화적이며 지형적인 범위에서 사건들을 기술하고 있다. 그러나 복음이 지형적 그리고 문화적 범위들을 초월하고 있다는 인식은 능력 있는 말씀의 효력을 느낄 수 있도록 독자들을 돕고 있다. 자유세계에서 공산주의 시절의 동유럽 국가로 여행하였던 사람들은 국경에서 검색을 당할 때 자신들의 일거수일투족이 감시되는 것 같은 공산사회의 어두움과 무거움을 경험하게 된다. 이 사람들은 자유세계로 돌아왔을 때의 안도함이 무엇인지도 알고 있다. 바울과 바나바가 메시야를 대망하는 유대교의 울타리를 떠나 이방 종교들의 암울한 그늘 아래 있는 지역으로 향할 때, 동행하였던 젊은 마가는 아마도 심각한 두려움을 느꼈을 것이다. 이들은 주가 참 하나님이신 여호와를 의미하는 지역에서 떠나 이것이 여러 신들 가운데 단지 한 신을 의미하는 사회로 향하고, 구원이란 단어가 유대교와 기독인들 사이에서 의미하는 것과는 전적으로 다른 경험을 뜻하는 것을 발견하며, 로마의 길들을 여행하며, 지붕이 새는 여관에서 숙박하며, 그리고 도적떼들이 자주 출몰하는 소아시아의 언덕에서 숨어있는 이들을 경계해야 했다. 이 모든 것들은 오늘날 문화차이를 겪는 선교사들의 경우와 같이 초기 전도자들에게 매우 감내하기 어려운 것들이었을 것이다.

성경의 배경이 되는 지역의 문화와 지형적인 윤곽, 역사와 정치적인 지식, 종교적 신념에 대한 이해, 그리고 사도행전의 연설들과 내러티브를 조명할 수 있는 풍부한 글들이 있다. 이들은 매우 전문적인 영역들이기 때문에 이들에 대한 참고문헌을 개별적으로 이 장의 결론 부분에 첨가하려고 한다.

표본 연구: 행16장

아마도 배경적 지식을 습득할 수 있는 가장 좋은 방법은 본문을 읽어가는 가운데 배경 지식을 제공할 수 있는 구절로부터 도움을 받는 것이다. 이를 행16장을 통해서 생각해 보고자 한다. 사도행전을 읽어가면서 독자들은 성경지도를 참고하고자 하는 생각이 자연스럽게 들 것이다.[82]

1a 바울이 더베와 루스드라에도 이르매

이 글이 쓰일 당시 사도행전의 독자들은 바울의 여행에서 언급되고 있는 도시들에 대해서 잘 알고 있었을 것이다. 로마의 길들은 무역업자들, 유흥가들, 정치가들, 철학전도자들, 그리고 다른 여러 사람들에 의해서 이용되

82) 다음의 지도가 매우 유용하다: B. Beitzel, *The Moody Atlas of Bible Lands* (Chicago: Moody Press, 1985), 174-85,

었다. 이 가운데 유명한 로마의 우편배달부들도 포함된다. 소아시아를 동서로 관통하는 주요 도로들이 여러 개가 있었고, 바울은 그 중에서 남쪽 길을 이용하였다. 계절에 따라 바닷길도 가능하였다. 15장의 마지막 부분에서 누가는 바울과 그의 동료들(이 시점에서는 마가를 제외)이 수리아와 길리기아(행15:41)의 교회에서 사역하고 있음을 말하였다. 바울의 고향인 다소는 길리기아에 있다. 바울은 그의 전도여행에서 길리기아의 관문으로 흔히 알려져 있는 타우루스 산맥의 험준한 협곡을 지나 다녔을 것이다. 소아시아는 일반적으로 산지가 대부분을 이루고 있다. 길은 험준하였으며, 여행자들은 항상 힘이 드는 꾸불꾸불한 길을 넘어 다녀야 했다. 타우루스 산맥 지역은 서부 해안가와 어느 정도 떨어져서 선회하고 있다. 이곳을 지나치면 여행자들은 더베와 루스드라에 다다르게 된다. 그의 첫 번째 선교여행에서(행13-14), 바울은 반대편으로부터 이 도시들에 도착했다. 이 길은 뱃길이며 수리아에서 시작하여 구부로 섬을 지나며 북서쪽의 해변을 향하여 베르가를 지나서, 마침내 루스드라 지경과 더베에 이르게 된다.

아우구스투스에 의해서 성취된 '로마의 평화(*Pax Romana*)'가 여행에 있어서 매우 이상적인 환경을 제공하였으며, 그리하여 복음의 전파도 안정적으로 이루어질 수 있었다. 실제적으로 아우구스투스 이전의 해적들은 모두 제압되어 있었다. 놀랄 만큼 깊고 안전한 기초공사로 개선된 로마의 도로들은 최고의 건축기술을 사용하여 적절한 설비를 갖춘 도로망을 확장시켜 나갔다. 이것은 말을 타고 우편을 전달했던 로마의 우체부와 같은 빠른 여행자들로 하여금 하루에 30마일 이상 이동할 수 있게 했을 뿐만 아니라 이들의 반 정도의 속도로 여행하는 이들에게도 안정적인 환경을 제공하였다. 좋은 날씨와 적당한 바람이 있으면 배를 이용한 이동은 더 빨랐다. 배로는 100마일 이상이 하루에 가능하였다. 그러나 당시에 여객선은 존재하지 않았다. 여행을 원하는 사람은 부두로 나아가 자기가 원하는 행선지로 향하는 화물선이 있는지 알아보아야 했다. 해상여행에는 늘 난파와 같은 위험이 도사리고 있었다. 도로를 이용할 경우 이용하는 여관은 악명이 자자할 정도로 형편없었다. 그리스 신 아스클레피우스를 전파했던 연설가이자 선교자인 Aelius Aristides는 당시의 여관에 대한 무시무시한 이야기를 남겼다.

1b 거기 디모데라 하는 제자가 있으니 그 모친은 믿는 유대 여자요 부친은 헬라인이라

초기 방문에서 루스드라의 이교문화는 두드러지게 나타났다. 아마도 신들의 방문에 대한 그들의 관습을 따라 백성들은 바울과 바나바를 마치 헤르메스와 제우스로 숭배하려고 하였다(행14:8-18). 이번에는 루스드라의 지방의 다른 종교의 모습이 시야에 잡힌다. 유대여인과 이방인 남자가 결혼한 것에 대한 서술이다. 이러한 관습은 팔레스타인보다는 디아스포라 지역에서 더 빈번하였다.[83] 디모데는 어머니 편에서 매우 훌륭한 믿음의 유산을 물려받았다(cf. 딤후1:5). 반면 그의 아버지의 이름이 누락된 것을 감안할 때 아마도 그의 아버지는 기독인이 아니었을 가능성이 크다.

2 디모데는 루스드라와 이고니온에 있는 형제들에게 칭찬 받는 자니 3 바울이 그를 데리고 떠나고자 할새 그 지경에 있는 유대인을 인하여 그를 데려다가 할례를 행하니 이는 그 사람들이 그의 부친은 헬라인인 줄 다 앎이러라

이때에 할례가 얼마나 중요한 의미를 가지고 있는지에 관하여 의견이 분분하다.[84] 한 예로 어떤 바리새인이 아르빌(Adiabene)을 여행할 때에 할례

83) R. K. Bower and G. L. Knapp, "Marriage; Marry," in *ISBE*, rev. ed., 3:261-66.
84) T. Lewis and C. E. Armerding, "Circumcision," in *ISBE*, rev. ed., 1:700-702.

받지 아니하고 유대교로 개종한 사람들을 발견하고 이들이 할례의 예식을 따르도록 말하였다. 바울은 할례가 구원에 있어서 필수적인 것으로 간주하지 않았기에 이를 크게 문제 삼지 않았다(갈5:6; 6:15). 그럼에도 불구하고 회당에서 드려지는 예배 가운데 유대인과 하나님을 경외하는 이방인들의 마음을 모두 얻기 위해서 디모데는 할례를 받아야 했다.

4 여러 성으로 다녀 갈 때에 예루살렘에 있는 사도와 장로들의 작정한 규례를 저희에게 주어 지키게 하니

이 부분은 행15:22-29에 나타나 있는 사도들의 규율을 의미하고 있다. 이 규율은 이방인 개종자들의 자유를 보장하는 동시에 유대인들을 향한 지나친 공격을 피하고 있다.

5 이에 여러 교회가 믿음이 더 굳어지고 수가 날마다 더하니라

이 진술은 누가가 사도행전에서 보여주고 있는 기독교의 성공적 전파에 대한 요약들의 연속선상에 있다.[85] 전형적으로 누가는 교회를 복수로 사용하면서 각각의 도시에 있는 교회의 개별적 정체성에 대해서 나타내고 있다.

6 성령이 아시아에서 말씀을 전하지 못하게 하시거늘 브루기아와 갈라디아 땅으로 다녀가

브루기아와 갈라디아에 대하여 쓰인 용어에 대하여 몇 가지 불확실한 점이 있다. 이러한 점은 갈라디아서의 해석에 있어서도 또한 영향을 미치는 논제이기도 하다. 브루기아는 지방(province)이 아니라 하나의 지역(region)

85) 행2:41, 47; 4:4; 5:14; 6:7; 9:31, 42; 11:21; 12:24; 13:48; 16:5; 19:20; 28:31.

이다. 그러나 갈라디아는 지방임과 동시에 북쪽에 위치한 인종적 지역을 의미한다. 지방과 지역의 의미에 대한 쓰임이 그 시대에 중첩적으로 쓰였음을 감안할 수 없는 바가 아니지만, 브루기아는 갈라디아 지방의 한 지역에 귀속된다. 차례대로 갈라디아 지역은 인종적 갈라디아와는 동일 지역을 의미하지 않으며, 좀 더 넓게 인종적 브루기아 지역을 포괄한다. 여기에는 그리스어의 문법적 표기법에 대한 논쟁이 함께 하고 있다. 행16:6의 그리스어 표현(τὴν Φρυγίαν καὶ Γαλατικὴν χώραν)은 한 곳을 의미하는 것으로 이해될 수 있다.[86] 이런 종류의 표현이 사도행전의 다른 곳에서도 발견된다(행18:23). 아마도 누가는 여기서 브루기아인들이 거주하고 있는 남부 갈라디아 지방을 언급하고 있을 가능성이 크다.

바울은 이 지역의 많은 곳들을 여행하였다. 그러나 신약성경에서 알려진(골로새 같은) 몇몇 지역들은 다른 사역자들에 의해서 분명하게 복음화 되었다(cf. 골1:3-9; 2:1). "브루기아와 갈라디아 땅으로 다녀가"라는 표현은 도시와 도시 사이의 벽촌을 사도 바울이 다녔다는 의미를 가진다. 이러한 생각은 이전에 우리가 바울의 사역에 대해서 가지지 못했던 사실을 상기시켜 준다. 그는 전형적으로 도시 사역자로만 그려졌다.

아시아는 소아시아의 서쪽 끝부분에 위치하며 호머의 대서사시와 고대의 시간이 숨 쉬는 역사적 장소이다. 바울은 이 전략적 요충지를 가로질러 가려했으나 그러나 성령께서는 그가 이렇게 하는 것을 허락지 않으셨다.

7 무시아 앞에 이르러 비두니아로 가고자 애쓰되 예수의 영이 허락지 아니하시는지라

무시아는 소아시아와 비두니아 그리고 무시아로부터 북쪽과 북동쪽으로

86) Cf. F. F. Bruce, *The Acts of the Apostles: The Greek Text with Introduction and Commentary*, 3rd rev. and enl. ed. (Grand Rapids: Eerdmans; Leicester, England: Apollos, 1990), 353-54.

뻗어있는 본도의 북서쪽 모서리에 위치한다. 그리고 북쪽으로는 흑해와 접해있다. 다시 한 번 이 지역은 복음전파를 위해서 중요한 지역으로 부각되고 있지만, 하나님께는 다른 계획이 있으셨다. 우리가 5장에서 살펴보았듯이 하나님의 주권은 누가행전의 중요한 주제이다.

8 무시아를 지나 드로아로 내려갔다

이 여행경로는 바울을 브루기아와 갈라디아에서 무시아와 비두니아의 변경으로 인도한 길이다. 여기서부터 바울은 이 변경을 돌아서 남서쪽으로 진행하여 드로아에 이르렀을 것이다. 7절과 8절에서 언급된 지역과 그곳의 도시에 관하여 많은 것들이 역사적으로 말하여질 수 있으나 이 장의 해석에서 이들은 별다른 큰 중요성을 가지지 못한다. 고대의 도시 트로이에서 가까운 드로아는 바울의 다음 여행에서 중요한 역할을 한다(cf. 행 20:5-12)

9 밤에 환상이 바울에게 보이니 마게도냐 사람 하나가 서서 그에게 청하여 가로되 마케도냐로 건너와서 우리를 도우라 하거늘 10 바울이 이 환상을 본 후에 우리가 곧 마게도냐로 떠나기를 힘쓰니 이는 하나님이 저 사람들에게 복음을 전하라고 우리를 부르신 줄로 인정함이러라

고대사에서 마게도냐는 빌립 이세가 그의 아들 알렉산더에 의해서 계속 진행된 여러 차례의 정복전쟁을 시작한 곳으로 중요하다. 이곳은 B.C. 146년에 로마의 행정구역(province)이 되었다. 빌립보, 네압볼리, 아볼로니아, 데살로니가 그리고 베뢰아가 유명한 올림포스 산과 마찬가지로 마케도니아 안에 있다. 바울이 마게도냐에서 복음을 전하기로 한 것은 복음이 서쪽으로 퍼져나가는 데 지대한 중요성을 가지고 있다. 이는 또한 사도행전의 내러티브와 로마를 향한 진행에 있어서도 중요한 의미를 가진다.

고대에는 꿈과 환상 모두가 하나님의 진정한 인도와 초월적인 예시를 보여주는 공통된 수단이었다. 이 현상에 대해서 고대사에 많은 사례를 찾아볼 수 있다. 주후 3세기경의 해몽가였던 Artimedorus는 꿈의 해석에 대한 그의 글로 현대에까지 잘 알려진 사람이다. 바울의 경우에 우리는 이 환상을 하나님으로부터 온 직접적인 지시의 수단으로 간주할 수 있다.[87]

11 드로아에서 배로 떠나 사모드라게로 직행하여 이튿날 네압볼리로 가고
12 거기서 빌립보에 이르니 이는 마게도냐 지경 첫 성이요 또 로마의 식민지라 이 성에서 수일을 유하다가

바울과 바나바는 '이그나티아 대로(via egnatia)'에 위치한 유명한 도시에 이르렀다. 이 중요한 도로는 마게도냐의 서쪽에서 시작하여 동쪽으로는 에게 해의 항구인 네압볼리에 이어져 있다.

빌립보는 행정적으로 보자면 로마제국의 식민지였다. 여러 해 동안 이곳에 군인들을 포함한 로마인들이 정주하여 왔으며 이들은 계속해서 로마의 시민으로 여기서 생활하였다. 제국을 가로질러 세워진 식민지들은 로마의 중요한 전초기지였으며 어떤 의미에서 유대인들에 의해서 20세기 중엽에 팔레스타인에 세워진 '정착지(settlement)'에 비유될 수 있을 것이다.

13 안식일에 우리가 기도처가 있는가 하여 성문 밖 강가에 나가 거기 앉아서 모인 여자들에게 말하더니

---

87) J. H. St다, "Dream," in *ISBE*, rev. ed., 1:991-92.

예배의 장소는 일반적으로 도시 안에 위치했지만 환영받지 못하는 도시에서는 형편이 달랐다. 예를 들어 로마인들이 혐오하였던 여신 시벨은 때때로 로마의 도시에서 받아들여지지 않았다. 이 경우를 보자면 여인들이 성문 밖 강가에서 경배할 조용한 장소를 찾아 모여 있었다. 왜 이들이 함께 모여 있었는지에 대해 성경은 말을 아끼고 있다. "기도처(προσευχή)"라는 표현은 회당의 목적에 대한 유대인들의 생각을 잘 드러낸 것이다. 그러나 누가가 여기서 회당(συναγωγή)이라는 표현을 쓰지 않고 있기 때문에, 분명히 빌립보에서는 회당을 구성할 충분한 남자들이 없었을 것이다. 적어도 10명의 남자가 필요하였으나, 여기서는 오직 여자만이 언급되고 있다. 큰 도시에서 이런 현상은 매우 드문 경우이다. 팔레스타인을 떠나서 약 오백만 이상의 유대인들이 살고 있었다. 이 유대인들을 우리는 디아스포라라고 부른다. 지중해에 위치한 도시나 마을 인구의 약 10퍼센트나 그 이상이 아마도 유대인이었을 것이다.

바울과 그의 동료들은 도시를 벗어나 강가에서 한 장소를 발견할 수 있으리라 추측하였다. 우리는 그 이유를 묻지 않는다. 바울은 다양한 방법으로 사람들을 만났다. 의심할 여지없이 그 대부분은 그 자신이 속한 장인협회를 통해서 시장에서 이루어졌을 것이다. 바울은 무역하는 텐트기술자였다(행18:2-3).

가르침은 앉아서 진행되었기 때문에 바울은 그의 동료들과 앉아서 이 여자들을 가르쳤다.

14 두아디라 성의 자주 장사로서 하나님을 공경하는 루디아라 하는 한 여자가 들었는데 주께서 그 마음을 열어 바울의 말을 청종하게 하신지라

루디아는 사업가였다. 가족이 함께 하고 있기는 하지만 아마도 여행하는 무역상이었을 가능성이 크다(행16:15, 40). 루디아라는 이름은 개인을 지칭하는 이름일 수도 있지만 두아디라 성이 위치했던 루디아 출신의 여성을 일컫는 말일 수도 있다. 이 도시는 계2:18-29에 언급되어 있다. 이곳은 상업적으로 매우 각광받는 곳이었고 루디아는 이곳의 사업가로 세계의 각처를 여행하였을 것이다. 값비싼 자주색 옷감을 생산하는 데 필요한 염료가 두아디라 지역에서 생산되고 있었다. 자주색 옷감을 취급하는 협동조합(guild)이 빌립보에 존재하였음이 때때로 언급되고 있다. 이런 조합에서 이교도들과 거래하였던 도덕적인 한 여인에 대한 문제는 다소 이해하기 어려운 부분이 있다.

"하나님을 공경하는(σεβομένη τὸν θεόν)"이란 표현은 루디아가 유대교를 믿는 이방인임을 의미한다. 이 경우에 이것이 완전히 회심한 개종자를 지칭하는지에 대해서는 결론짓기 어렵다.[88] 루디아는 여성이기 때문에 한 남자가 완전한 개종을 위해서 마지막으로 넘어야 할 큰 장벽인 할례를 적용할 수 없다.

15 저와 그 집이 다 세례를 받고 우리에게 청하여 가로되 만일 나를 주 믿는 자로 알거든 내 집에 들어와 유하라 하고 강권하여 있게 하니라

집의 구성은 가족들, 하인들, 그리고 종들에까지 확장된다. 그녀의 권속(household)이 세례를 받았으므로, 여기에는 어린이들이 포함될 수도 있다는 점이 고려되어야 한다. 그녀가 보여주고 있는 온정은 당시에 여행자들에게 보여준 예의로 생각할 수 있지만, 이는 어떤 점에서 그녀가 방문자들의 종교를 수용하고 있음을 의미할 수 있다. 그는 바울과 가정에 뿌리를 둔 그의 교회의 후원자였다. 이는 바울과 많은 사람들의 조력자(προστάτις)였던 뵈뵈를 우리에게 상기시킨다(롬16:1-2). 그래서 루디아는 그럴 가

88) 여기에 대해서는 다음을 참고하라: S. McKnight, *A Light among the Gentiles* (Minneapolis: Fortress, 1990), 90-101, 110-14.

치가 있다고 생각하는 사람들에게 후원자로서의 역할을 하려고 하였다. “나를 주 믿는 자로 여기거든” 이 말은 우리에게 다소 당혹스럽게 들릴 수 있다. 루디아는 후원자로서 매우 높은 지위를 취하고 있지만, 다른 면에서 보자면 바울이 종교적 지도자로 혹은 사업관계에 있어서도 상위에 있었다.

루디아는 분명하게 집의 가장이었다. 아마도 그녀는 과부일 가능성이 크다. 신약성경에는 남편에 대한 언급이 없는 여성들이 간혹 등장한다. 어떤 경우 이런 언급은 부끄러운 것일 수 있으나, 루디아의 경우에 해당하지 않는다. 루디아는 빌립보에서 유력한 부인들 가운데 한 사람이었다. 유오디아와 순두게가 바울의 복음 사역에 동행하였다(빌4:2-3). 여성의 지위는 로마제국의 지역에 따라 차이가 많았다. 아우구스투스가 제국의 병사들에게 연설할 때 그들이 여행 중에 만나게 되는 진취적인 여성들에 대해서 경고하였다. 어떤 로마의 여인들(matrons라 불리는)은 큰 명망을 얻었다. 로마의 지역들에서 마게도냐 지역의 여인들은 사회의 중요한 일원으로 간주되었으며 많은 자유를 누릴 수 있었다.[89)]

16 우리가 기도하는 곳에 가다가 점하는 귀신 들린 여종 하나를 만나니 점으로 그 주인들을 크게 이하게 하는 자라

이 문장의 첫 부분은 바울과 그의 동료들이 기도 가운데 유대인들을 계속해서 만나고 있음을 우리에게 가르쳐준다. 이 종은 늙은 종들이 할 수 없는 일을 하고 있으므로 나이 어린 여종을 의미할 것이다. 고대 세계, 특별히 초기 로마제국의 노예들은 8세기와 19세기 미국의 노예들과 상당한 차이가 있다.[90)] 고대 세계에서는 여러 가지 의유로 노예가 되었다. 노예들은

---

89) 초대교회의 여성에 대해서는 다음을 참고하라: R. A. Tucker and W. L. Liefeld, *Daughters of the Church: Women and Ministry from New Testament Times to the Present* (Grand Rapids: Zondervan, 1987), 53-87.

90) S. Barchy, "Slavery," in *ISBE*, rev. ed., 4:539-46.

빚을 갚기 위해서 스스로 자신을 팔고, 또 자유를 얻기 위해서 일했다. 전쟁에서 잡혀서 노예가 된 사람들은 개인적인 인성과 능력에 있어서 더 출중한 역할을 감당할 수 있었다. 어떤 노예들은 정부의 일들과 같은 책임 있는 일들을 떠맡기도 하였다. 그럼에도 노예들은 물건으로 간주되어 열등하게 취급되었다. 노예의 소유주들은 항상 노예들의 보복과 복수를 두려워했다.

귀신들린 이들에 대한 이야기는 1세기 문헌들에 자주 나타나며, 특별히 복음서에서 집중적으로 등장한다. 미래에 대한 예언은 일반적이다. 점성술이 일반인들과 귀족들 사이에서 보편적으로 인기가 있었다. 심지어 시골 동네도 그 자신의 기원력을 따라 고유의 별자리를 가지고 있었다. 어떤 로마인들은 점성술사들을 두려워하기까지 하였는데, 이는 그들이 원로원과 결탁하여 급진적인 예언을 하여 황제를 대항하여 음모를 꾸밀 수 있었기 때문이었다. 신탁을 알기 위해 여러 가지 방법이 동원되었다. 조류의 비행에 대한 관찰, 천체의 관측, 동물의 내장 연구, 주사위 등의 방법들이 사용되었다. 방랑하는 점쟁이들은 이리 저리 떠돌아다니며 삯을 받고 미래를 예언했다. 성경 외의 어떤 한 책에서도 이 행위를 사단과 연결시키고 있다. 이 모든 것의 상위에는 델피의 신탁이 존재한다. 이 여인은 이러한 신탁의 행위에 연관되어 있었다. 흥미롭게도 고대 그리스의 여성들은 예언은 할 수 있었지만 가르칠 수는 없었다.

17 바울과 우리를 좇아와서 소리질러 가로되 이 사람들은 지극히 높은 하나님의 종으로 구원의 길을 너희에게 전하는 자라 하며 18 이같이 여러 날을 하는지라 바울이 심히 괴로워하여 돌이켜 그 귀신에게 이르되 예수 그리스도의 이름으로 내가 네게 명하노니 그에게서 나오라 하니 귀신이 즉시 나오니라

이 종이 사용한 말은 특정한 기독교의 말이 아니었으며, 모인 사람들이 모두 알아들을 수 있는 언어였다. "지극히 높은 하나님"이란 표현은 유대인들과 기독인들 모두 사용하는 것이다(눅1:32, 35). 이것은 제국에 흩어져 살고 있는 유대인들의 입술을 통해서 흔히 들을 수 있는 표현이었다. 그러나 빌립보에 소수의 유대인들이 살고 있었다면 이 표현은 아무래도 생소했을 가능성이 크다. 그러나 "구원"이란 단어는 잘 알려진 표현이며, 세속적인 연설이나 이교의 종교에서도 다양한 방식으로 사용되었다. 그러므로 종의 표현을 들은 이들은 이 말의 중요성을 간과하지 못했을 것이다. 데오빌로와 같은 독자에 의해서 읽혀지는 내러티브 안에서 이 표현이 가진 기독교적인 중요성은 매우 분명할 것이다.

귀신을 쫓아내는 행위는 세바의 일곱 아들의 경우와 같이 기독교 밖에서도 일어났다(행19:13-16). 귀신을 쫓아내기 위해서 여러 가지 형식이 사용되었다. 기독인에게 핵심적인 어구는 "예수 그리스도의 이름으로"이다.

> **19 종의 주인들은 자기 이익의 소망이 끊어진 것을 보고 바울과 실라를 잡아 가지고 저자로 관원들에게 끌어다가 20 상관들 앞에 데리고 가서 말하되 이 사람들이 유대인인데 우리 성을 심히 요란케 하여 21 로마 사람인 우리가 받지도 못하고 행치도 못할 풍속을 전한다 하거늘**

시장은 도시 안에서 넓고 트인 장소이며, 때때로 상점과 신전이 그 옆에 자리하고 있었다. 여러 가지의 공개적 행사들이 시장에서 행해졌다. 이 장면과 유사한 형태인 고린도의 법정이 오늘날까지도 명맥을 유지하고 있다; 이 재판은 구경꾼들의 참관이 허락된다. 누가는 행정적인 단어를 쓸 때 항상 조심하고 있다. 이 경우에 "관원(magistrates)"으로 번역된 단어는 존경의 뜻으로 사용된 것이다. 누가는 로마제국의 행정용어를 여기서 사용하지 않았다.

두 개의 사회적 현상이 여기서 관찰된다. 하나는 사도행전에서 매우 일반적으로 등장하는 주제인 "갈등"이다. 다른 하나는 "표식하기(labeling)"로 주로 혐오적인 사람에게 적용된다.[91] 여기 언급되고 있는 "유대인"들이 혐오적인지에 대해서는 논쟁의 여지가 있다.

**22 무리가 일제히 일어나 송사하니 상관들이 옷을 찢어 벗기고 매로 치라
하여 23 많이 친 후에 옥에 가두고 간수에게 분부하여 든든히 지키라 하니
24 그가 이러한 영을 받아 저희를 깊은 옥에 가두고 그 발을 착고에 든든
히 채웠더니**

고대의 세계에서는 몇 세기에 걸쳐 수립된 훌륭한 법제에도 불구하고 대부분의 경우에 사람들은 재판정에서 혹은 아예 재판도 없이 매우 부당하게 처리되었다. 성경은 요셉, 삼손, 여호야긴, 예fp미야, 그리고 세례요한을 포함하여 투옥된 사람들에 대한 다양한 예를 제공한다. 그들은 군대와 정부의 시설뿐만이 아니라 우물과 지하 감옥에도 투옥되었다. 감옥은 재판 이후에 처벌을 받는 곳이라기보다는 문제 있는 백성을 구금하는 수단으로 자주 사용되었다. 매질이나 고통스러운 형틀과 같은 고문의 다른 수단들이 여기서 일반적으로 사용되었다.

**25 밤중쯤 되어 바울과 실라가 기도하고 하나님을 찬미하매 죄수들이 듣
더라 26 이에 홀연히 큰 지진이 나서 옥터가 움직이고 문이 곧 다 열리며
모든 사람의 매인 것이 다 벗어진지라 27 간수가 자다가 깨어 옥문들이
열린 것을 보고 죄수들이 도망한줄 생각하고 검을 빼어 자결하려 하거늘
28 바울이 크게 소리 질러 가로되 네 몸을 상하지 말라 우리가 다 여기
있노라 하니 29 간수가 등불을 달라고 하며 뛰어 들어가 무서워 떨며 바울**

91) B. J. Malina and J. H. Neyrey, *Calling Jesus Names: The Social Value of Labels in Matthew*, FFSF (Sonoma, Calif.: Polebridge, 1988), 특히 8-30, 35-56.

과 실라 앞에 부복하고 30 저희를 데리고 나가 가로되 선생들아 내가 어떻게 하여야 구원을 얻으리이까 하거늘

감옥에 대해서 계속해서 주어지는 정보들은 이 감옥이 땅 위 적어도 바위 위에 건축된 구조물이라는 것을 알려준다. 또한 본문은 바울과 실라를 포함한 모든 갇힌 자들이 묶여있었음을 말하고 있다.

여기 쓰인 "구원을 얻으리이까"가 내포하는 의미는 매우 다양하다. 일반적으로 이 뜻은 '생명이 구조되다'는 의미로 쓰인다. 그러나 점을 치는 종의 외침과 바울과 실라의 찬송을 간수가 주의 깊게 들었다고 가정해 볼 때 기독교에서 의미하는바, 곧 구원을 간수가 의도하고 있었다고 우리는 추측해 볼 수 있다.

31 가로되 주 예수를 믿으라 그리하면 너와 네 집이 구원을 얻으리라 하고
32 주의 말씀을 그 사람과 그 집에 있는 모든 사람에게 전하더라 33 밤
그 시에 간수가 저희를 데려다가 그 맞은 자리를 씻기고 자기와 그 권속이
다 세례를 받은 후 34 저희를 데리고 자기 집에 올라가서 음식을 차려
주고 저와 온 집이 하나님을 믿었으므로 크게 기뻐하니라 35 날이 새매
상관들이 아전을 보내어 이 사람들을 놓으라 하니 36 간수가 이 말대로
바울에게 고하되 상관들이 사람을 보내어 너희를 놓으라 하였으니 이제는
나가서 평안히 가라 하거늘 37 바울이 이르되 로마 사람인 우리를 죄도
정치 아니하고 공중 앞에서 때리고 옥에 가두었다가 이제는 가만히 우리
를 내어 보내고자 하느냐 아니라 저희가 친히 와서 우리를 데리고 나가야
하리라 한 대 38 아전들이 이 말로 상관들에게 고하니 저희가 로마 사람이
라 하는 말을 듣고 크게 두려워하여 39 와서 권하여 데리고 나가 성에서
떠나기를 청하니 40 두 사람이 옥에서 나가 루디아의 집에 들어가서 형제
들을 만나보고 위로하고 가니라

배경적 지식을 통해서 조명되고 있는 이 단락의 주요한 요소는 자신의 로마시민권에 대한 바울의 주장이다. 여기에 대한 F. F. Bruce의 주석은 고전학자로서의 그의 방대한 지식을 유감없이 반영한 것으로, 완전하고 상세한 설명을 제공한다.

> 발레리안과 포르시안의 법령이 로마 공화정의 시작과 함께 주전 2세기 초반 사이 여러 번 입법화 되면서 시민들은 모든 치욕적인 처벌의 형태들로부터 면제되었다(여기서 Bruce 교수는 라틴문헌을 인용하고 있다). 그러나 이러한 면제가 실제적으로 항상 존중된 것은 아니었다.
>
> 자신의 로마시민권을 주장하는 사람이 어떻게 그 주장을 입증하였는지는 분명치 않다. 아마도 바울은 출생 시에 다소에 있는 기록관청에 있는 로마시민 명부에 호적되었을 가능성이 크다. (브루스 교수는 여기에 대한 상세한 출처를 밝히고 있다).[92]

이렇게 하여 바울과 실라는 이제 빌립보를 떠나 이그나티아 대로를 따라 젊고 번영하는 교회를 뒤로 하고 서쪽으로 나아가고 있다. 나는 여기서 해석적인 혹은 설명적인 언급을 자제하고 있다. 배경에 대한 언급은 해석자들에게 그 자체로 좋은 시작이 될 것이 분명하다.

사도행전 16장은 내포하고 있는 주제와 배경이 다양하기 때문에 이 연구를 위해서 선택되었다. 이 장은 유효한 배경지식의 다양한 종류를 점검하는 데 좋은 예가 된다. 모든 주제들은 간략하게만 다루어져 있다. 설명들은 연구자가 유익하게 추구할 수 있는 정보의 형태만을 조명하고 있다. 여기에 추가하여서 다음에 기록된 참고도서 목록이 배경을 연구하는 데 유용한 연구들을 포함하고 있다.

---

92) Bruce, *Acts: Greek Text*, 366-67.

사도행전의 배경연구에 관한 참고문헌

Aries, Philippe, and Georges Duby, gen. eds. *A History of Private Life. Vol. 1, From Pagan Rome to Byzantium*, edited by Paul Veyne, translated by Arthur Goldhammer. Cambridge, Mass.: Harvard University Press, Belknap Presss, 1987.

Beitzel, Barry J. *The Moody Atlas of Bible Lands*. Chicago: Moody Press, 1985. Pp. 174-85.

Blaiklock, Edward M. *Cities of the New Testament*. Westwood, N.J.: Revell, 1965.

Cohen, Shaye J. D. *From the Maccabees to the Mishnah*. Library of Early Christianity 7. Philadelphia: Westminster, 1987.

Ferguson, Everett, *Backgrounds of Early Christianity*. 2d ed. Grand Rapids: Eerdmans, 1993.

Gill, David W.J., and Conrad Gempf, eds. *The Book of Acts in Its Graeco-Roman Setting*. The Book of Acts in Its First Century Setting 2. Grand Rapids: Eerdmans; Carlisle, England: Paternoster, 1994.

Keener, Craig S. *The IVP Bible Background Commentary: New Testament*. Downers Grove, Ill.: InterVarsity Press, 1993. Pp. 320-406.

MacMullen, Ramsay. *Paganism in the Roman Empire*. New Haven: Yale University Press, 1981.

Meeks, Wayne A. *The First Urban Christians: The Social World of the Apostle Paul*. New Haven: Yale University Press, 1983.

Neyrey, Jerome H., ed. *The Social World of Luke-Acts: Models for Interpretation*. Peabody, Mass.: Hendrickson, 1991.

Nickelsburg, George W. E., and Michael E. Stone. *Faith and Piety in Early Judaism: Texts and Documents*. Philadelphia: Fortress Press, 1983.

Schürer, Emil. *The History of the Jewish People in the Age of Jesus Christ(175-B.C.-A.D.135).* Rev. ed. 3 vols. Edited by Geza Vermes, Fergus Millar, Martin Goodman, Pamela Vermes, and Matthew Black. Edinburgh: T.&T. Clark, 1973-87.

Sherwin-White, A. N. *Roman Law and Roman Society in the New Testament.* Oxford: Oxford University Press, 1963; reprint, Grand Rapids: Baker, 1992.

Stambaugh, John E., and David L. Balch. *The New Testament in Its Social Environment.* Library of Early Christianity 2. Philadelphia: Westminster, 1986

Stone, Michael E., ed. *Jewish Writings of the Second Temple Period.* Compendia Rerum Iudicarum ad Novum Testamentum 2/ 2. Assen, Netherlands: Van Gorcum; Philadelphia: Fortress Press, 1984.

Yamauchi, Edwin. *Harper's Word of the New Testament.* San Francisco: Harper & Row, 1981.

배경 연구를 위해서는 다음과 같은 좋은 성경사전들도 큰 도움을 줄 수 있다:

Anchor Bible Dictionary. 6 vols. Edited by David Noel Feedman. New York Doubleday, 1992.

International Standard Bible Encyclopedia. Rev. ed. 4 vols. Edited by Geoffrey W. Bromiley. Grand Rapids: Eerdmans, 1979-88.

Zondervan Pictorial Encyclopedia of the Bible. 5 vols. Edited by Merrill C. Tenney. Grand Rapids: Zondervan, 1975.

제7장
해석에서 적용까지

내러티브와 해석학적 임무

본문 해석의 방법은 그 본문이 속한 장르에서 크게 벗어나지 않는다. 단락의 핵심에는 항상 분석을 요구하는 단어들과 문법들에 대한 정보가 항상 존재한다. 다르게 말하자면 여기서도 장르가 중요한 역할을 하고 있다고 볼 수 있는 것이다. 비유, 연대기, 내러티브, 연설들과 같은 서로 다른 장르들만이 고유한 해석학적 접근을 요구하는 것이 아니라 시제와 법과 같은 문법적 요소들도 장르에 따라 다른 접근을 요구한다. 사도행전의 내러티브를 예로 들자면 이 글은 매우 방대한 양의 과거 시제들을 사용하고 있다. 로마서에는 미완료시제가 15번 등장하지만 사도행전에서는 421번 등장한다. 부정과거의 경우 사도행전에서는 2022번, 로마서에서는 366번 등장한다. 완료시제는 사도행전에서 164번 로마서에서는 79번, 과거완료는 사도행전에서 17번 로마서에는 1번 사용되었다. 현제시제는 사도행전에서 1222번 로마서에서는 609번, 미래시제는 사도행전에서 106번 로마서에서는 98번 쓰였다.[93)]

법(Mood)에 있어서는 연설이 많이 등장하는 사도행전에서 명령법이 많이 사용되었다. 사도행전에서는 124번의 명령형이 사용되었다. 이를 다른 책들과 비교하자면 히브리서에서는 28번 로마서에서는 61번 명령법이

93) 이 모든 통계자료는 이것이 나타나는 책의 길이에 따라 상대적으로 적용되어져야 한다.

사용되었다. 또한 누가가 그의 복음서에서 마태복음의 73번에 대하여 비교적 많은 284번의 명령형을 사용하였다는 점을 우리는 주목해야 한다. 그러나 이러한 동사의 사용은 누가 자신의 독특한 문체에 기인한다고 볼 수도 있다.

이 모든 것들은 장르와 문법적 요인들이 함께 연결되어 있으며 통합적으로 다루어져야 됨을 가르쳐주고 있다. 우리가 서신서들의 문법적 형태들을 살펴볼 때 가졌던 세밀한 관심이 사도행전에도 계속 필요하다. 다른 많은 책에서 일반적으로 석의(Exegesis)에 대해서 다루고 있기 때문에 해석에 관한 이 장의 연구에서 이 부분은 핵심적으로 다루지 않을 것이다. 그러나 해석학의 두 가지 상세한 분야인 의미적 정보(semantic information)와 구조적 정보(structural information)에 대해서 요약을 하는 것이 이 시점에서 적절해 보인다.

의미적 정보

글을 쓰는 이의 단어선택은 독자들에게 본문에 주어진 인물들, 사물들, 생각들, 그리고 사건들이 어떤 종류의 것인지 말하여 준다. 기본적인 어휘에 대한 정보는 문장의 위치, 단어의 조합과 문법적 틀에 의해서 뉘앙스를 가지게 된다. 이는 단어들이 자기 자신의 의미만 간직한 채 스스로 단절된 의미의 단위를 구성하지 않기 때문이다. 이들은 마음에서 만들어지는 살아있는 물체가 된다. 이들은 문장 내의 사용에 의해서 형체를 갖추며 글쓴이나 혹은 연설자에게 다양한 잠재된 가능성을 가져다준다. 영어에서의 한 예를 들면, 메리(Mary)라는 이름과 유혈의(bloody)라는 형용사는 각각 문자적으로 다른 의미를 가지고 있다. 그러나 "bloody Mary"가 한 구를 이루어서 역사적이고도 또한 현대적인 의미를 갖는다. 역사적으로 이 단어는 한 사람을 지칭한다.[94] 현대적으로 이 구는 단어들이 가지고 있는 형상적인 의미를 조합하여 칵테일의 한 종류를 의미하는 하나의 새로운 단어를 만들어냈다.[95] 필자가 이와 같은 비문학적 예를 사용하는 이유는 이 두 단어가 서로 상관없는 단어임에도 불구하고 상호작용하였을 때 파생할 수 있는 의미적 변형을 매우 효과적으로 나타내고 있기 때문이다. 내러티브의 문장들과 기록된 연설들은 의미의 생생한 반영을 가지는 단어들로 구성된다. 마치 기차에 탄 여행자가 차창 바깥의 풍경을 바라보는 것과 같이 사도행전에 기록된 어휘적 풍경을 무관심하게 바라보면서 바울서신의 단어들은 탐정처럼 정밀조사하려고 하는 것은 착오가 아닐 수 없다. 내러티브에서는 정교한 단어의 의미를 이해하는 데 도움이 되는 촘촘한 문맥상의 나열이 부족할 때가 많기 때문에, 때때로 내러티브의 연구는 서신서들보다 더 정밀함을 요구하기도 한다.

구조적 정보

적지 않은 양의 정보가 형태소(形態素)들, 단어들, 구들, 절들 상호 간의 관계들을 통해서 전달된다. 속격이 주는 변화와 같이, 다른 단어에 의한 한 단어의 의미변형과 특정화는 결정적으로 중요한 요소이다. 헬라어에서 사용된 접미사나 어미변화와 같은 구조적 표식이 없다면 우리는 명사가 소유격인지 아니면 또 다른 격을 가졌는지 확인할 수가 없다. 해석자는 명사가 어떻게 쓰이고 있는지(간접 목적어, 도구격, 시간의 경과, 상태의 소유격, 혹은 무엇이든지) 명사의 격을 모르고는 알 수가 없으며, 격은 구조를 통해서 표시된다. 비슷한 경우가 서로 다른 단어들 사이의 관계들과 법들 그리고 동사의 시제와 관련하여 적용될 수 있다. 단어의 구조적 표시

94) 역주) 역사적으로 이 단어는 개신교를 탄압하던 메리1세 여왕을 개신교도들이 비하하며 부른 별명이었다.

95) 역주) 블러디 메리는 보드카와 토마토 주스로 만든 칵테일을 의미한다.

들(접두사, 접미사, 그리고 -θη- 와 같은 삽입사)은 독자들에게 예를 들어 한 동사가 능동태인지 아니면 수동태인지 단수인지 복수인지, 현재인지 아니면 미래인지, 직설법인지 아니면 희구(希求)법인지 가르쳐준다. 우리가 다루는 절에서 중요한 의미를 가진다면 구조는 행위의 수동과 능동도 가려내 준다. 이러한 이유로 석의의 장르에서 의미적, 구조적 정보는 간과될 수 없다.

장르와 해석학적 임무

석의학자는 문학적 장르의 영향을 다방면에서 평가해 보아야 한다. 많은 관찰들 가운데 우리가 발견해야 하는 것은 사도행전의 처음에서 맞닥트리는 것과 같은 언어들이 "무대를 꾸미기 위해서" 설명적 용어들을 포함하고 있다는 것이다. 이들은 수사적인 표현들에서 우리가 기대하던 것과는 매우 다르다. 또한 사도행전의 결말은 교리적이거나 인종적인 결말을 담고 있기 보다는 긴장의 해소와 소망을 담고 있다. 내러티브의 틀이 다양한 관계의 변형 안에서 이루어진 단어들로 구성되기 때문에 교리적인 단락에서 사용하고 있는 단어들에 대해서 세심한 해석이 필요하다.

절과 문장의 길이는 장르에 따라 달라질 수 있다. 예를 들어 바울이 자신의 편지글에서 사용하는 긴 문장과 내러티브와 담화체 문장에서 자주 발견되는 짧은 단위의 문장은 완전히 다른 성격의 것이다. 행8:4-8은 빌립의 사마리아 전도에 대한 연속된 짧은 문장을 가지고 있다. 문체는 매우 생동감이 넘친다("비명을 지르면서, 악한 영들이 많은 이들로부터 빠져나왔다") 내러티브 문학에 대한 철저한 분석은 전통적인 해석학적 방법론이 일반적으로 설명하는 것보다 더 많은 요구를 해석자들에게 부과한다.

우리가 앞장에서 논의한 바와 같이 단락 안에 있는 사건들의 역사적 배경들 또한 석의에 영향을 미친다. 그러나 올바른 석의를 위해서 해석자

자신이 재구성해야 할 배경의 범위(예를 들어 책이 함의하는 목적, 독자, 저술 환경)는 매우 논쟁적인 성격을 가지고 있다. 텍스트 바깥에 있는 정보의 영향은 때때로 과도하게 넘친다. 현재 학계에서 화두가 되는 두 개의 예는 바울의 저술에 영향을 주었던 헬레니즘 시대의 밀교(密敎)에 관한 이론과 복음에서 영향을 미쳤던 'θειος Ἀνήρ'의 개념에 대한 이론이다. 이러한 과도함을 방지하기 위해서 우리는 성경본문 자체가 우리의 이해를 조정하도록 내어주어야 할 것이다.

그럼에도 불구하고 내러티브와 연설이 가진 역사적인 배경은 매우 중요한 사항이다. 사실 우리는 배경적 지식을 사전적 연구를 할 때마다 사용한다. 예를 들어 사도행전 6:1에 나타난 중요한 단어인 "헬라파(Hellenists; τῶν Ἑλληνιστῶν)"를 이해하기 위해서는 유대인의 역사, 분산, 헬레니즘 시대 동안에 팔레스타인 지방에 유입된 헬라어와 문화의 확장, 그리고 예루살렘에서 헬라어를 구사하는 유대인 과부들의 경제적인 문제들을 살펴보아야 할 것이다.

사회학적 연구도 여기에 기여할 수 있다. 다시 16장으로 돌아가서 생각해 보자면, 여성출신 사업가인 루디아와, 돈을 받고 예언하는 여종, 간수들, 그리고 유대인 출신으로 전도여행을 하는 바울의 사회적 신분은 서로 각각 다르다. 사실 사도행전에서는 바울만이 초기 로마제국의 많은 사람들 가운데 단 한 사람의 여행자로 그려지고 있다. 그러나 상인들, 군인들, 악사들, 철학 전파자들, 이단 지도자들, 그리고 결국에는 기독교 전도자들이 로마제국을 가득 채우고 있었다. 이들은 어떤 면에서는 비슷하지만 또 다른 면에서는 달랐다.[96] 어떤 여행자들은 매우 나쁜 평판을 가지고 있었다. 우리는 바울이 낯선 도시에 가서 어떻게 무역을 하고, 시장에서 대화하며, 회당에서 가르치고, 제자들을 모으고 가르쳤는지 탐구해보아야 한다.

---

96) Walter L. Liefeld, *The Wandering Preacher in the Early Roman Empire* (Ann Arbor: University Microfilms, 1967).

이는 또한 해석에서 적용으로 나아가는 부분이기도 하다.

우리가 본문에서 주어진 정보들을 이해하였으며, 또한 이 책의 앞부분에서 논의하였던 모든 원리들과 과정들을 수용하였다고 가정한다면, 이제 본문의 기능을 평가해야 할 차례이다.

기능의 결정: 규범적 vs 서술적

초대교회의 전통적인 관습들은 그 다음 세대에도 따르고 심지어 모방되도록(이를 테면 규범적으로) 주어졌는가? 아니면 누가가 자신의 글들의 목적을 위해서 이들을 서술적으로 썼기 때문에 모든 시간과 장소에서 따를 필요가 없는가? 이러한 논제는 사도행전을 읽으면서 그 내용을 자신의 개인적인 삶과 또 교회의 사역 가운데 적용점을 찾으려 하는 모든 사람들에게 어려운 부분이다. 우리는 이러한 논제를 세 가지 관점에서 살펴보려고 한다. 교회의 관습, 성령님의 사역, 그리고 선교적 전략이다.

교회의 관습

유다의 후임

지금 다루는 주제 가운데 사도행전 본문에서 가장 문제가 되는 부분은 유다의 후임 선출에 대한 단락이다(행1:12-26). 많은 사람들이 교회의 직원을 선출하는 데 제비를 뽑는 것을 반대할 것이다. 그러나 중요한 점은 신약 성경 어디에도 이러한 방식으로 사람을 선출하는 것에 반대하는 증거를 찾아볼 수 없다는 점이다. 그러면 사도들은 잘못된 방식으로 사람을 세우고 있는가? 이 방식은 초대교회 당시에는 정당하였지만 오늘날에는 그렇지 않은가? 성령께서 그 당시에는 오시기 전이었으므로 제자들이 이러한 방식을 쓰고 있는가? 그러므로 그들은 조금 더 기다려야 했었는가?

다음의 논점들이 고려가 되어야 할 것이다: (1) 그들은 선택에 있어서 매우 분명한 지침을 세워 놓았으며(21-22), 그리고 여기에 따라 이를 만족시키는 두 사람을 선별하였다(23). 그렇기 때문에 이것은 완벽한 무작위 선출이 아니었다. (2) 사도의 선출의 목적은 그리스도의 부활의 증인을 세우기 위함이었다. 제비를 위해서 선별된 두 사람 모두 이 두 직분을 감당하는 데 충분한 것으로 생각되었다. (3) 그들은 전적으로 이를 위해 기도함으로 모든 결과를 하나님께 맡겨드렸다. (4) 제비를 뽑는 것은 구약 시대에 낯선 일이 아니었다(예, 레16:8; 역상24:5) 특히 역대상의 말씀은 제비뽑기가 선출의 공명정대함을 확보하는 방식임을 가르쳐주고 있다.

이들 가운데 어떤 것들은 그 당시에는 매우 중요하였으나, 현대에 와서는 미약해졌다. 그러나 사람의 선택과 중요한 결정에 있어서 하나님께 기도하는 것과 선별된 사람들에게 공정한 결정을 보여주는 것은 어떤 시대와 상황에서도 교회의 사역이 놓치지 말아야 할 부분이다.

적용을 위해서 발 빠르게 달려가기 전에 사도행전의 전체적 목적을 살펴보는 것이 바람직하다. 이 단락이 사도행전의 전체적 주제를 이루는 데 어떤 역할을 하고 있는지 사고하는 것은 이 단락의 급진적 사용에 대한 우리의 생각을 완화시킨다. 이 단락의 목적에 대한 사안이 아주 확실하게 정리가 된 것은 아니지만, 가능한 목적의 기반들 가운데 있는 몇 가지 요소들은 (1) 복음전파, (2) 복음의 변증과 이들의 주창자들이다. 우리는 또한 누가가 (3) 말씀의 실현과 하나님의 목적의 성취를 생각하고 있었음을 잘 알고 있다. 그러므로 구약 말씀의 성취를 보여주며 논쟁적인 인물들(복음의 변호를 위해 매우 중요한)의 역할과 심판을 설명하고, 그리스도의 부활

(그것의 입증을 포함하여)에 관한 기독교의 증언에 도움을 주는 사건들은 중요하다. 또 다른 한 사람의 추가는 사도들을 12명으로 다시 되돌려 놓았다. 12명의 제자와 이스라엘의 12지파가 갖는 상관성은 유대인에게 접근하는데 도움이 되었을 것이다. 누가의 내러티브는 또한 기도를 중요한 주제 가운데 하나로 묘사하고 있다.

그래서 우리는 맛디아를 마지막으로 선출하기 위한 실제적인 방법은 사도행전에서 내러티브가 가진 중요한 자리와 비교해 볼 때 상대적으로 덜 중요하다는 것을 알게 된다. 누가의 주안점은 이러한 사건들을 통해서 그려지는 더 큰 주제에 있었다.

브리스길라의 역할

아볼로에 대한 브리스길라의 가르침은 본문이 규범적인지 아니면 서술적인지를 판가름하는 중요한 지침을 우리에게 가르쳐줄 수 있는 좋은 예이다. 내러티브 신학에 대한 강조에 앞서 내러티브 단락과 교훈적 단락이 서로 얽혀 있는 곳에서 교훈적 요소가 내러티브적인 요소를 지배한다는 견해가 일반적으로 받아들여진다. 그러나 우리는 내러티브가 교훈적이 될 수 있다는 것도 보았기 때문에, 이러한 견해는 우리가 예전에 생각했던 바와 같이 쉽게 결정해서는 안 된다. 행18:24-28은 교훈적 단락과 내러티브 단락 간의 대립을 해소할 수 있는 개략적 과정을 볼 수 있는 기회를 제공한다. 여기서 대립이 되는 것은 사도행전의 사건들과 딤전2:12의 가르침이다. 기초적 작업으로 생각해야 할 것은 어려운 단락이 분명하고 쉬운 단락들을 통해서 일반적으로 해석될 수 있다는 점이다. 행18:24-28과 딤전2:12의 경우를 비교해 보자면 사도행전의 말씀이 직선적인 내러티브인 반면 딤전의 말씀과 그 문맥은 그 복잡한 배경으로 인하여 해석학적으로 어려운 구절이다.

다음의 요점들이 중요하다:

1. 아볼로는 초심자가 아니라 '학식 있는' 인물이었다(24). 특별히 그는 성경을 굳건히 붙들고 있었고, 주의 길로 교훈되고 있었다(25). 그는 타오르는 열정으로 설교하였으며, 그의 가르침은 매우 정교하였다(25). 단 한 가지 부족한 점은 세례에 대한 지식이었다. 그는 요한의 세례만 알고 있었다. 이 같은 점은 우리에게 초대 교회의 역사에 예수님에 관하여 많은 전통의 흐름이 있었으며, 그들 가운데 아볼로가 가르침을 받았던 것이 불완전하였음을 추측하게 한다.

2. 그가 받았던 가르침의 상황을 유의해 보라: 브리스길라와 아굴라가 그를 집으로 초대하였다. 어떤 학자들은 이 초대가 예배로의 초대가 아니었음이 중요하다고 말한다. 어떤 사람들은 예배 가운데 여자는 절대 가르칠 수 없다고 믿었다. 해석자는 여자가 남자를 가르치는 일을 결정하는 데 가르침의 장소가 중요한 요소가 되는지 물어야 한다.

3. 그들은 "그에게 하나님의 길에 대해서 더 적절하게 설명하였다"(26). 어떤 사람들은 이것이 성경을 가르치는 것과는 거리가 먼 것이라고 생각하였다. 이러한 견해를 주장하는 이유는 여기서 교리를 가르칠 때 일반적으로 사용되었던 "가르치다(διδάσκω)"가 아니라 "설명하다"(ἐξέθεντο)가 쓰였다는 점 때문이다. 또 이들이 설명한 내용은 "하나님의 길"이다(cf. 주님의 길(25)). 이런 이유로 어떤 이들은 그들이 성경을 가르친 것이 아니라 제안한다. 그러나 브리스길라와 아굴라가 구약의 메시아 텍스트들과 아울러 사복음서에서 말씀으로 기록된 예수님의 말씀을 포함하여 그에 대한 전통을 가르치지 않았다고 생각하는 것은 설득력이 떨어진다. 또한 아볼로도 그가 배운 것을 자

기 것으로 받아들이고 나가서 반대자들과 논박하였다. 아볼로가 "성경으로부터"(28) 이 일을 행하였기 때문에 어떤 이들은 브리스길라와 아굴라의 가르침 안에 성경도 포함되었을 것이라고 보았다.

4. 브리스길라의 이름이 처음에 등장한다. 서방계 사본들의 필사자들은 이곳에서 그녀의 이름을 두 번째 기입함으로 여성들의 중요성을 추락시키려고 하였다. 그러나 더 나은 사본에서는 그녀의 이름은 행 18:2 이후 모든 곳에서 먼저 등장하고 있다. 그러므로 브리스길라가 남편과 함께 아볼로를 가르쳤다는 사실에서 간과하지 말아야 할 것은 이 둘 가운데 브리스길라의 이름이 먼저 언급되고 있다는 사실이다.

이 본문을 딤전2:12과 어떻게 연결시켜야 하는지 결정하기 위해서, 우리는 이 본문을 검토해 보아야 한다. 이 본문은 거론되는 것처럼, 여성이 남성에게 성경을 가르칠 수 없으며 혹은 남성 위에 권위를 가질 수 없다는 것을 가르치고 있는가? 이 결정을 위해서 우리는 다음의 논점을 고려해 보아야 한다:

1. 이 본문의 배경은 이 문화의 도덕성에 대한 인식이다. 여자가 자유롭게 남자와 이야기 할 수 있는지, 치장할 수 있는지, 머리카락을 감춰야 하는지, 보석을 사용해도 되는지, 그들의 남편의 지혜(지시)에 순종해야 하는지에 대해서 고대 사회는 큰 관심을 가지고 있었다. 고대 그리스와 마찬가지로 고대 유대교에서도 여성들은 예언을 할 수 있었으나 어린이를 제외하고는 가르칠 수 없었다.

2. 이 구절은 여성이 남성을 가르치고 권위를 갖는 것에 대해서 명령으로 금지하고 있지 않다. 단 한 차례의 명령은 3인칭 명령으로 "여성들

은 종용함으로 배울지라(딤전2:11)"이다. 바울의 말은 서술적이다 "내가 허락지 아니 한다"(딤전2:12). 동사의 의미는 매우 강하지만 그러는 직설법을 사용하여, 이 문제를 그 시대의 관습과 환경에 연결시키고 있다. 디모데가 그의 전통을 따르도록 바울이 요구하고 있는 것은 자명하다. 그러나 이를 명령하지 않았다. 바로 이런 점이 본문이 서술적인가 아니면 규범적인가를 결정할 때 중요하다.

3. 사용된 단어가 생소하다. 바울은 권위를 의미하는 일반적인 단어군 대신에 다소 낯선 단어를 사용하고 있다. 그래서 이 단어가 권위를 의미하도록 사용되는 동안, 강하고 경멸적인 의미들이 전달되었다. 해석자들은 어떤 의미를 채택하는 것이 바른지 분명하게 구분해야 한다.

4. 바울은 "아담이 먼저 지음을 받았으며" 하와가 속임을 당하였다는 사실을 언급하면서 자신의 전통을 설명하고 있다. 또한 "여자가 해산을 통해서 구원받을 것이다" 언급하였다(딤전2:13-15). 규범과 서술의 축을 고려하는 가운데, 바울이 딤전2:12의 기반을 창세기에 두고 있다면, 우리는 또한 고전11:3-10도 함께 생각해야 할 것이다. 이 단락에서도 바울은 창세기를 언급하고 있으며 심지어 더 강한 토대에 대해서 논쟁하고 있기 때문이다. 그의 논거는 기독론(그리스도와 하나님의 관계), 남편의 머리됨을 포함하고 있으며, 여성이 머리에 쓰지 않고 기도하거나 예언하는 것은 남편을 욕되게 하는 것이라 지적하고 있다. 또한 바울은 아담이 하와의 근원이며, 이 사람이 하나님의 형상과 영광이나 여자는 남자의 영광이라 말하였다. 이 여자는 남자를 위해서 창조가 되었으며 천사는 이 모든 일에 중요한 역할을 감당하고 있다. 이러한 묵직한 성경신학적 논증에도 불구하고 많은 해석자들이 여자가 머리를 가리는 관습을 문화적 문제로 생각하여, 오늘날에는 필요 없는

> 전통으로 간주하였다. 반면 이것을 주장하는 동일한 해석자들은 딤전2장에 나타난 바울의 논거를 지지하는 말씀이 비교적 적음에도 불구하고 여성들의 가르침을 불허하고 있다.

단순히 구약의 관주만 분석한다고 해서 바울의 조언이 규범적인지 아닌지에 대한 질문이 분명히 풀리는 것은 아니다. 무엇이 규범적인지를 찾는 가운데 우리는 서간체 문학들 사이와 서신서와 사도행전 사이의 해석적 일관성을 찾아야 한다.

이런 모든 것들을 조망하는 가운데 해석자는 행18:18-28에 대한 다음의 세 가지 결론 가운데 하나를 선택해야 한다: (1) 사도행전에서 브리스길라가 남자를 가르치고 있는 반면 디모데전서의 말씀이 이를 금지하고 있기 때문에 여기에는 계속된 갈등이 있다. (2) 브리스길라가 성경을 실질적으로 가르치지 않았기 때문에 갈등이 없다. (3) 바울은 여자가 가르치지 말라고 명령한 적이 없기 때문에 갈등이 없다.

또한 사도행전 18장이 규범적인지에 대하여 사람들은 다음의 결론에 도달할 수 있을 것이다. (1) 사도행전의 내러티브에서 이것이 호의적으로 묘사되고 있으며 브리스길라의 가르침에 대해서 어떠한 부정적 언급도 하지 않았기 때문에 이 같은 방식으로 여자가 남자를 가르치는 것은 규범적일 수 있다. (2) 이것은 바울이 절대 허락하지 않은 것이기 때문에 규범적이지 않으며, 이는 오늘날에도 동일하다. 혹은 (3) 우리는 이 본문이 교회의 규범이 되도록 의도하고 있는지 말할 수 없으나, 여자가 남자를 가르치는 것이 선한 열매를 가져온다면 여자는 자유롭게 가르칠 수 있다. 사도행전 18장에 나타난 특별한 상황을 강조하여서 제한된 적용을 하고자 하는 사람들은 만약 그 가르침이 집이 아니라 교회에서 이루어진 것이라면 어떤 손해를 그들이 직시해야 하는지 고려해 볼 필요가 있다. 또한 그들은 여성이 성경을 포함하지 않은 채로 진리를 얼마나 깊게 가르칠 수 있는지 그리고 남자가 여자의 가르침에 꼭 동석해야 하는지에 대해서도 숙고해야 한다.

소유

행2:44-35에 기록된 재산의 공유와 소유의 너그러운 분배에 관한 말씀은 다양하게 해석이 되었다. 이는 많은 사람들을 회심케 하며 또한 주변 사람들에게 교회에 대한 호의를 심어준 칭찬할 만한 일로 보인다. 이러한 구절들은 공산주의에 대응하는 기독인들을 언급하기 위해서 자주 사용되었으며, 1960년대 예수 운동 초기에 매우 각광을 받았다. 이 사건을 규범적으로 이해하여 자산의 개인적 소유가 초기 기독교 전통에 맞지 않다고 생각하거나, 아니면 규범적이 아니라 이해하여 아마도 자발적 참여를 위해서 예를 들기 위해서 사용되었다고 생각할 수 있다. 그러나 이들 중에 어떤 것이 옳은지 이 본문만 가지고 결정적인 판단을 내리는 것은 불가능하다. 규범적 요소를 판결해 내기 어려운 어떤 경우에는 책의 다른 곳에 있는 내러티브가 안내를 해줄 수 있다. 사도행전 5장에 있는 아나니아와 삽비라에 대한 이야기가 여기에 필요한 정보를 제공해 준다.

행5:3에서 베드로는 아나니아가 성령을 속인 것을 심판하고 있다. 아나니아는 자신이 매도한 어떤 자산의 가치를 거짓으로 보고하고 수익금의 일부만을 교회에 가져왔다. 이 자산에 대한 베드로의 두 가지 확인이 우리가 가진 질문에 매우 적절한 해답을 줄 수 있다: (1) 이것이 팔리기 전에 너의 소유가 아니었느냐? (2) 그리고 매각한 그 돈에 대한 권한이 너에게 있지 아니하였느냐? 이런 점에서 소유의 나눔은 완전히 자발적인 것임이 확연하게 드러난다. 그러므로 나눔에 대한 언급이 다른 시대와 상황 속에 있는 교회를 위해서 규범적인 규칙으로 제정되도록 의도되었다는 주장에 대해 의문을 제기한다.

그러나 여기서는 앞에서의 논의에서처럼 소유에 대한 내용을 다루는 서신서들과 복음서들이 존재한다. 주님은 제자들에게 자신들의 소유와 가족을 버려야 한다고 말씀하셨다(눅14:25-33). 이러한 복종의 정신은 제자도를 위해서 필요한 것이었다. 하지만 제자들 모두가 실제적으로 모든 것을 버린 것은 아니었다. 젊은 관원도 자신의 모든 소유를 팔아서 가난한 사람들에게 나누어 주어야 한다고 들었다(눅18:18-30). 이런 점에서 이것은 법에 복종하여 영생을 얻으려고 하는 그의 열망에 대한 일종의 시험이었다. 사도행전에 나타난 소유의 통용은 다른 상황에서 속에서 촉발된 것으로 보이며 이것의 규범적 성격에 대한 질문은 사도행전의 실제적 문맥 안에서 결정된다.

성령님의 사역

어느 때 회심자가 성령을 받느냐의 문제도 규범과 서술의 논쟁에 관련되어 있다. 행8장에서 사마리아의 새로운 신자들이 세례를 받았다. 그러나 그들은 베드로와 요한이 기도하러 와서 안수하기 전까지 성령을 받지 못하였다. 이것이 규범적인가? 세례가 성령 받음 보다 선행하는가? 성령은 오직 다른 신자, 아마도 오직 특별한 사도적 권위를 가진 사람들을 통해서만 수여되는가? 이런 질문에 대해서 내러티브 자신은 대답을 주지 못한다.

다른 단락과의 비교를 통해 질문에 대답할 수 있다. 오순절(행2) 때 성령께서 이미 신자들에게 주어졌다. 그들은 방언으로 말하게 되었다. 이 본문은 사도들이 성령을 수여하였다고 말하지 않는다. 에디오피아의 내시가 세례를 받았다(8:26-40). 하지만 성령께서 빌립을 이끌어 왔음에도 성령께서 내시에게 임했다거나 혹은 방언을 말하게 되었다는 언급이 없다.

사울(바울)의 경우에 하나님께서는 아나니아라는 사람을 이끌어 오셔서 그로 하여금 다시 보고 성령으로 충만케 하셨다. 이런 일이 일어난 후에 그는 세례를 받았다. 또 다른 예로 고넬료가 다른 그의 권속들과 베드로의 설교를 들을 때에 성령께서 임하셨다. 이것 역시 그들이 성령을 받은 후에 세례를 받았음을 말하고 있다. 그리고 세례는 그들에게 성령이 이미 임했다는 바로 그 이유 때문에 행해졌다(행10:44-48). 아울러 다른 중요한 회심의 사건에는 심지어 세례에 대한 언급이 있음에도 성령에 대한 언급이 아예 없다는 사실을 어떻게 받아들여야 할까(예 루디아와 간수, 행16장)?

이 경우에 규범의 패턴을 분별해 내는 것은 불가능해 보인다. 세례와 성령을 주심은 각각의 질서를 따라 일어났다. 성령께서 수여되심에 때로는 사람이 관계되기도 하였고 그렇지 않기도 하였다. 성령에 대한 누가의 주지할만한 관심에도 불구하고 누가는 이 후의 단락에서 성령을 언급하고 있지 않다. 성령을 주심은 복음이 성공적으로 유대인, 사마리아인, 내시, 하나님을 두려워하는 이방인, 그리고 바울과 같은 중요한 인물들에게 전하여지는 데 중요한 역할을 하였다. 서신서는 그 순서에 대한 문제 있어서 이들 이상으로 방향을 제시하지 않는다.

선교신학

선교학자들은 진지하게 사도행전에서 지침적인 원칙을 찾으려고 하였다. 분명히 어떤 사람들은 이 책이 다른 어떤 성경책들보다 이러한 방향을 제시할 것이라 기대했다. 그러나 사도행전의 해석자들은 1세기의 특이한 상황에서 적절하였던 방법들을 모든 시대에 절대화하려는 것에 대하여 매우 조심스러워야 할 것이다.

목적의 선택

바울은 분명히 어떤 특징적 기초 위에 복음화를 위한 도시들을 선택하였다. 이 도시들은 중요 도로 위에 있었으며, 자주 중요한 거점에 위치하고 있었다. 이 도시들은 무역의 중심지였으며, 로마 제국을 횡단하는 상인들이 자주 거쳐 가는 곳이었다. 빌립보를 제외한 모든 도시들은 회당이 있었다. 그러나 아덴은 이러한 선별적 기준을 갖지 못했다. 아덴은 상업이 흥한 도시가 아니었다. 아덴은 바울이 방문하기로 계획한 도시가 아니었다. 바울은 데살로니가에서 그의 대적자들이 문제를 일으키자 베뢰아에서 아덴으로 쫓겨 갔다. 비두니아 북쪽에 바울의 요구를 충족하는 전략적 도시들이 있었지만 성령은 바울이 그곳에 가는 것을 허락지 않으셨다(행16:7).

이러한 선택의 방법이 규범적인가? 아마도 바울의 이러한 선택 기준은 근대 선교의 초창기에 유용한 방법론을 제공하였을 것이다. 선교사들은 초창기에 다양한 나라에서 해변이나, 특히 번잡한 항구에서 시작하여 내륙으로 들어갔다. 이와 같은 방법으로 중국과 수단 등의 나라에서 내륙선교가 이루어졌다. 그러나 선교사들은 항상 중요 무역로를 따라 이동한 것은 아니었다. 그 이유는 원거리 종족들 때문이었다. 이 같은 이유로 새 종족 선교(New Tribes Mission)가 탄생하게 되었다. 바울은 사람들에게 다가가기 위해서 다양한 방법을 사용하였다. 그러나 바울이 사용하였던 방법들을 오늘날에 효과적으로 적용하기 위해서는 그가 처했던 동일한 환경이 필요하다. 요약하자면, 사도행전에서 지침을 구하는 사람들은 비슷한 상황들에서 적절해 보이는 원칙을 발견할 수 있지만, 아마도 오늘날의 조건들이 너무 다르기 때문에 모방할 수 있는 어떤 규범적인 패턴을 찾기는 어려울 것이다. 선교와 같이 문화와 매우 밀접하게 맞물려 있는 활동에 대한 지침적 원칙이 유동적이어야 한다는 사실을 우리는 인식하고 있어야 한다.

메시지의 형성

반면 사도행전에서 나타나는 설교들이 그 기대되는 청중들의 상황을 고려해서 맞추어지는 방식은 우리가 어떻게 복음전달의 목표를 적절하게 정할 수 있는지 규범적으로 제시할 수 있다. 아덴에서 행한 바울의 설교는 여기에 대한 예외로 자주 언급된다. 어떤 사람들은 지나치게 이를 생각하여 바울이 고린도에 보낸 편지에서 피력한 그리스도의 십자가 외에는 "아무것도 모른다"(인간적인 지혜나 세련됨에 비교하여)는 그의 고백은 아덴에서의 행한 그의 지적인 설교를 부정적으로 회고한 것이라 간주하였다. 이들은 아덴에서 매우 적은 회심자들이 있었다고 지적한다. 그러나 아덴은 바울의 선교 여행에서 복음 전파를 위한 중요한 거점도시가 아니었다. 아덴에는 그의 동역자들이 없었다. 바울은 군중을 향하여 설교하지 않았으며, 아덴의 우상들을 주목하였다. 더 나아가 바울은 그의 연설에서 창조자이자 역사의 주관자이신 하나님에 대한 교리, 그리스도의 부활, 그리고 만민의 심판자로 약속된 그리스도에 대하여 말하였다. 그러므로 이것이 규범적인 복음의 말씀으로 의도되지는 않았지만 복음의 핵심이 말하고자 하는 모든 가능성을 함유한 한 예가 될 수 있을 것이다.

부르심을 받음

사도행전에 등장하는 몇몇 위임하는 단락들은 규범적인가? 가장 중요한 것은 하늘로부터 바울에게 주어진 명령이었다. 이것은 세 번 언급된다(행 9:22 과 26). 구약에는 위임을 언급하는 단락이 있다. 선지자들을 향한 하나님의 부르심은 신약 성경의 부름과 비슷한 요소들을 가지고 있으나, 신약성경 자체에서는 어떤 통일성을 찾아보기가 어렵다. 바울은 하나님을 직접 대면하였으며, 그의 진로의 변경을 경험하였다. 그리고 갈 길에 대한 지시뿐만이 아니라 박해에 대한 경계도 받았다. 이곳에서 우리는 바울의 회심에 대한 이야기가 사역에 대한 부름의 표본적 모델이 될 수 있는지에 대해서 정당하게 물어보아야 한다. 바울의 "부르심"에 대한 사용을 볼 때

(롬1:1, 7; 고전1:1, 2, 9), 이는 규범적으로 이해하기 힘들며, 바울은 자신의 회심과 하나님의 부르심을 매우 독특한 것으로 이해하였다.[97]

인도하심의 획득

선교사역에 관해서도 사도행전은 하나님의 인도하심의 방법을 우리에게 규범적으로 가르치지 않는다. 빌립은 천사에게 인도되었다가(행8:26), 내시가 회심한 후, 성령님의 인도로 떠나갔다(8:39). 베드로는 고넬료를 만나는 것을 예비하기 위해서 환상을 보았다(행10:9-16). 그리고 그를 만나기 위해서 환상을 본 고넬료의 하인들이 그를 찾았을 때, 성령께서 그에게 직접적으로 말씀하셨다(10:19). 행12:7에서 천사는 베드로를 깨워서 그를 인도하였다. 성령은 바울이 아시아에서 복음전하는 것을 막으셨다. "예수의 영"은 그가 비두니아에 들어가는 것을 막으셨다(행16:6-7). 그리고 바울은 환상 가운데 마게도냐 사람을 보았다(행16:9-10). 주께서는 환상 가운데 고린도에서 바울에게 말씀하셨다(행18:9-11). 마지막으로 천사가 배가 난파하기 바로 전 선상에서 그에게 말씀하였다(행27:23-26).

선교의 부름과 하나님의 인도하심을 다룬 두 영역에서 내러티브를 규범적으로 다루지 않으려는 성향들은 내러티브 자신의 형태를 관찰함으로 이루어진 것이 아니다. 그것은 이 부름이 한 가지 고착된 방법을 통해서가 아니라, 여러 가지 방법을 통해서 이루어지고 있다는 단순한 사실에 기인한다. 그러나 하나님께서 초자연적인 방법을 통해서 역사하고 계신다는 점은 변함없는 사실이다. 그러므로 함께 모여진 이러한 단락들을 살펴보면서 다음과 같은 통일된 질문을 던질 수 있다: 이 책 전체는 주의 사역자

97) R. F. Collins, "Paul's Damascus Experience: Reflection on the Lukan Accounts," *LS* 11 (1986): 99-118; cf. B. R. Gaventa, *From Darkness to Light: Aspects of Conversion in the New Testament*, OBT 20 (Philadelphia: Fortress, 1986).

가 초자연적으로 부름을 받고 인도되어야 한다는 사실을 가르치고 있는가? 그러나 여기에서조차 어떤 공통점을 찾아볼 수 없다. 디모데와 관련하여 하나님의 부르심에 대한 언급을 찾아볼 수 없다. 또한 바울이 선교사역에서 초자연적인 인도를 받고 있는 것이 사실이지만, 다른 한편으로는 그가 복음을 위해서 치밀하게 선정된 도시들을 방문하고 있다는 사실도 평행하게 다루어져야 한다.

그러므로 사도행전에서 우리 현재의 상황에 합당한 규범을 찾으려는 시도는 매우 복잡한 것이다. 적용점을 찾는 해석자들은 주어진 사건이나 행동에서 근원적인 문맥과 사도행전의 더 넓은 목적과 설계에서 드러나는 이 본문의 기능을 항상 염두하고 있어야 한다.

결론

사도행전은 신약성경에서 매우 독특한 책이다. 사도행전의 내러티브와 연설들은 우리로 하여금 구원자이신 부활하신 주를 증거하는 초기 기독인들의 경험들을 체험하도록 도와준다. 글을 쓰는 누가는 매우 분명한 목적을 가지고 있었으며, 성령께서는 이 책을 여러 가지 방법으로 여러 세기에 걸쳐서 사용하셨다. 우리의 책임은 이 책으로부터 배워야 할 것들을 찾아서 이를 우리의 현대의 상황에 적용하는 것이다. 우리는 이 책을 조심스럽게 다루어야 하며 이 책의 정합성을 깨지 말아야 한다. 현대의 해석자들은 교회의 덕과 복음에 반응하는 모든 사람들을 위해 사도행전을 이해하고 가르치는 특권을 부여받았다. 이들 모두는 계속해서 진행되는 사도행전 해석 역사의 한 전통이 되고 있는 것이다.

■ 참고문헌(Selected Bibliography)

Commentaries

Arrington, Frech L. *The Acts of the Apostles: An Introduction and Commentary*. Peabody, Mass.: Hendrickson, 1988.

Bruce F. F. *The Book of the Acts*. Revised edition. NICNT. Grand Rapids: Eerdmans, 1988.

———. *The Acts of the Apostles: The Greek Text with Introduction and Commentary.* 3d revised and enlarged edition. Grand Rapids: Eerdmans, Leicester, England: Apollos, 1990.

Conzelmann, Hans. *Acts of the Apostles: A Commentary on the Acts of the Apostles*. Translated by James Limburg, A. Thomas Kraabel, and Donald H. Juel. Edited by Eldon Jay Epp with Christopher R. Matthews. Hermeneia. Philadelphia: Fortress, 1987.

Haenchen, Ernst. *The Acts of the Apostles: A Commentary*. Translated and edited by Bernard Noble, Gerald Shinn, Hugh Anderson, and R. McLeod Wilson. Philadelphia: Westminster, 1971.

Harrison, Everett Falconer. *Interpreting Acts: The Expanding Church.* [Chicago]: Moody, 1975; Grand Rapids: Zondervan, 1986.

Johnson, Luke Timothy. *The Acts of the Apostles.* Sacra Pagina 5. Collegeville, Minn.: Michael Glazier, Liturgical Press, 1992.

Keener Craig S. "Acts." Chapter in The *IVP Bible Background Commentary: New Testament*, 320-406. Downers Grove, Ill.: InterVarsity, 1993.

Kistemaker, Simon J. *Exposition of the Acts of the Apostles*. New Testament Commentary 5. Grand Rapids: Baker, 1990.

Lake, Kirsopp, and Henry Joel Cadbury. *English Translation and Commentary.* Vol. 4 of *The Beginnings of Christianity*, part 1, *The Acts of the Apostles*, edited by Frederick John Foakes Jackson and Kirsopp Lake. London: Macmillan & Co., 1933.

Lenski, R. C. H. *The Interpretation of the Acts of the Apostles*. Minneapolis: Longenecker, Richard N. "The Acts of the Apostles." In *EBC*, vol. 9, edited by Frank E. Gaebelein, 205-573. Grand Rapids: Zondervan, 1981.

Marshall, I. Howard. *The Acts of the Apostles: An Introduction and Commentary.* TNTC 5. Leicester, England: Inter-Varsity; Grand Rapids: Eerdmans, 1980.

Neil, William. *Acts*. NCBC. Grand Rapids: Eerdmans, 1973.

Polhill, John B. *Acts*. NAC 26. Nashville: Broadman, 1992.

Rackam, Richard Belward. *The Acts of the Apostles: An Exposition.* 14th edition. London: Methuen & Co., 1901; reprint, Westminster Commentaries, 1951.

Stott, John R. W. *The Spirit, the Church, and the World: The Message of Acts*. Downer Grove, Ill.: InterVarsity, 1990.

Tannehill, Robert C. *The Narrative Unity of Luke-Acts: A Literary Interpretation.* 2 vols. FFNT. Philadelphia/ Mnneapolis: Fortress, 1986 and 1990.

Williams Carles Stephen Conway. *A Commentary on the Acts of the Apostles*. HNTC. London: Adam & Charles Black, 1964; reprint, Peabody, Mass.: Hendrickson, 1988.

Williams, David John. *Acts*. NIBC 5. Peabody, Mass.: Hendrickson, 1990.

Willimon, William H. *Acts*. IBC. Atlanta: John Knox, 1988.

Important Edited Collections

Anchor Bible Dictionary. 6 vols. Edited by David Noel Freedman. New York: Doubleday, 1992.

Aries, Philippe, and Georges Buby, gen. eds. *A History of Private Life*. Vol. 1, *From Pagan Rome to Byzantium*, edited by Paul Veyne, translated by Arthur Goldhammer. Cambridge, Mass.: Harvard University Press, Belknap Press, 1987.

Cassidy, Richard J., and Philip J. Scharper, eds. *Political Issues in Luke Acts*. Maryknoll, N.Y.: Orbis Books, 1983.

Gasque, W. Ward, and Ralph P. Martin, eds. *Apostolic History and the Gospel: Biblical and Historical Essays Presented to F.F. Bruce on His 60th Birthday*. Grand Rapids: Eerdmans, 1970.

Gill, David W. J., and Conrad Gempf, eds. *The Book of Acts in Its Graeco-Roman Setting*. The Book of Acts in Its First Century Setting 2. Grand Rapids: Eerdmans; Carlisle, England: Paternoster, 1994.

International Standard Bible Encyclopedia. Revised edition. 4. vols. Edited by Geoffrey W. Bromiley. Grand Rapids: Eerdmans, 1979-88.

Jackson, Frederick John Foakes, and Kirsopp Lake, eds. *The Beginning of Christianity*. Part 1, *The Acts of the Apostles*. 5 vols. London: Macmillan & Co;, 1920-33.

Keathley, Naymond H., ed. *With Steadfast Purpose: Essays on Acts in Honor of Henry Jackson Flanders*, Jr. Waco: Baylor University, 1990.

Keck, Leander E., and J. Louis Martyn, eds. *Studies in Luke-Acts: Essays Presented in Honour of Paul Schubert*. Nashville: Abingdon, 1966; reprint, Philadelphia: Fortress, 1980.

New International Dictionary of New Testament Theology. 3 vols. Edited by Colin Brown. Grand Rapids: Zondervan, 1975-78.

Neyrey, Jerome H., ed. *The Social World of Luke-Acts: Models for Interpretation*. Peabody, Mass.: Hendrickson, 1991.

Parsons, Mikeal Carl, and Joseph B. Tyson, eds. Cadbury, *Knox, and Talbert: American Contributions to the Study of Acts*. Centennial Publications, SBLBSNA. Atlanta: Scholars Press, 1992.

Richard Earl, ed. *New Views on Luke and Acts*. Collegeville, Minn.: Michael Glazier, Liturgical Press, 1990.

Stone, Michael E., ed. *Jewish Writings of the Second Temple Period*. Compendia Rerum Iudaicarum ad Novum Testamentum 2/2. Assen, Netherlands: Van Gorcum; Philadelphia: Fortress Press, 1984.

Talbert, Charles H., ed. *Perspectives on Luke-Acts*. PRS Special Studies Series 5. Danville, Va.: Association of Baptist Professors of Religion; Edinburgh: T.&T. Clark, 1978.

———. *Luke-Acts: New Perspectives from the Society of Biblical Literature Seminar*. New York: Crossroad, 1984.

Tyson, Joseph B., ed. *Luke-Acts and the Jewish People: Eight Critical Perspectives*. Minneapolis: Augsburg, 1988.

Winter, Bruce W., and Andrew D. Clarke, eds. *The Book of Acts in Its Ancient Literary Setting*. The Book of Acts in Its First Century Setting 1. Grand Rapids: Eerdmans; Carlistle, England: Paternoster, 1993.

Zondervan Pictorial Encyclopedia of the Bible. 5 vols. Edited by Merril C. Tenney. Grand Rapids: Zondervan, 1975.

Articles, Monographs, and Other Sources

Barrett, Charles Kingsley. *Luke the Historian in Recent Study*. A. S. Peake Memorial Lecture 6. London: Epworth, 1961.

———. "Paul Shipwrecked." In Scripture: Meaning and Method: Essay Presented to Anthony Tyrrell Hanson for His Seventieth Birthday, edited by Barry P. Thompson, 51-64. [Hull, England]: Hull University Press, 1987.

———. "The Third Gospel as a Preface to Acts? Some Reflections." In *The Four Gospels 1992: Festschrift for Frans Neirynck*, 3 vols., edited by F. Van Segbroeck, et al., 2:1451-66. BETL 100. Leuven: Leuven University Press, 1992.

Bartchy, S. Scott. "Slavery." In *ISBE*, revised edition, 4:539-46.

Beitzel, Barry J. *The Moody Atlas of Bible Lands.* Chicago: Moody, 1985. Pp. 174-85.

Benoit, Pierre. "Some notes on the Summaries in Acts 2, 4, and 5." Chapter in *Jesus and the Gospel*, 2 vols., translated by Benet Weatherhead. New York: Seabury, Crossroad Books, 1974.

Beatenhard, Hans, and F. F. Bruce. "Name" In *NIDNTT*, 2:648-56.

Blaiklock, Edward Musgrave. *Cities of the New Testament.* Westwood, N.J.: Revell, 1965.

Blomberg, Craig. L. "The Law in Luke-Acts." *JSNT* 22 (1984): 53-80.

Bovon, François. *Luke the Theologian: Thirty-Three Years of Research.* Translated by Ken Mckinney. Princeton Theological Monograph Series 12. Alison Park, Pa.: Pickwick, 1987.

Bower, Robert K., and Gary L. Knapp. "Marriage; Marry." In *ISBE*, reviesed edition, 3:261-66.

Brawley, Robert Lawson. *Luke-Acts and the Jews: Conflict, Apology, and Conciliation.* SBLMS 33. Atlanta: Scholars Press, 1987.

———. Centering on God: Method and Message in Luke-Acts. LCBI. Louisville, Ky.: Westminster/John Knox, 1990.

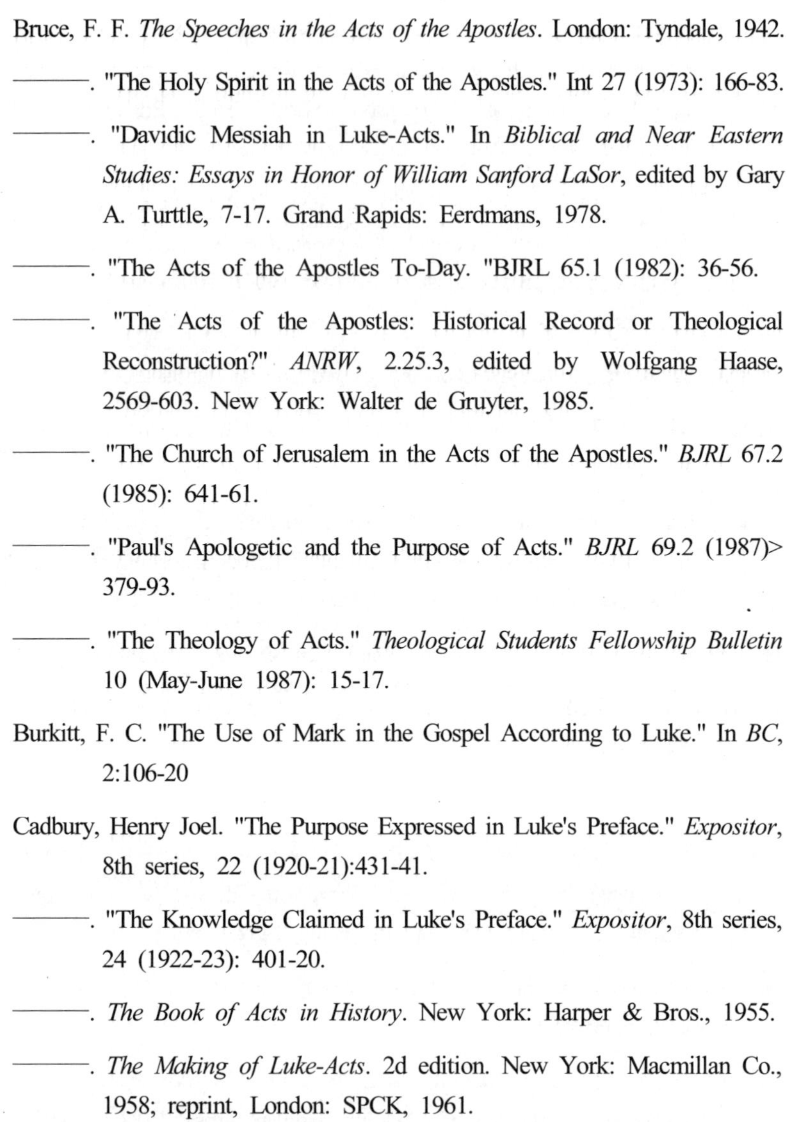

Bruce, F. F. *The Speeches in the Acts of the Apostles*. London: Tyndale, 1942.

———. "The Holy Spirit in the Acts of the Apostles." Int 27 (1973): 166-83.

———. "Davidic Messiah in Luke-Acts." In *Biblical and Near Eastern Studies: Essays in Honor of William Sanford LaSor*, edited by Gary A. Turttle, 7-17. Grand Rapids: Eerdmans, 1978.

———. "The Acts of the Apostles To-Day. "BJRL 65.1 (1982): 36-56.

———. "The Acts of the Apostles: Historical Record or Theological Reconstruction?" *ANRW*, 2.25.3, edited by Wolfgang Haase, 2569-603. New York: Walter de Gruyter, 1985.

———. "The Church of Jerusalem in the Acts of the Apostles." *BJRL* 67.2 (1985): 641-61.

———. "Paul's Apologetic and the Purpose of Acts." *BJRL* 69.2 (1987)> 379-93.

———. "The Theology of Acts." *Theological Students Fellowship Bulletin* 10 (May-June 1987): 15-17.

Burkitt, F. C. "The Use of Mark in the Gospel According to Luke." In *BC*, 2:106-20

Cadbury, Henry Joel. "The Purpose Expressed in Luke's Preface." *Expositor*, 8th series, 22 (1920-21):431-41.

———. "The Knowledge Claimed in Luke's Preface." *Expositor*, 8th series, 24 (1922-23): 401-20.

———. *The Book of Acts in History*. New York: Harper & Bros., 1955.

———. *The Making of Luke-Acts*. 2d edition. New York: Macmillan Co., 1958; reprint, London: SPCK, 1961.

Carroll, John T. *Response to the End of History: Eschatology and Situation in Luke-Acts*. SBLDS 92 Atlanta: Scholars Press, 1988.

Chance, J. Bradley. *Jerusalem, the Temple, and the New Age in Luke-Acts*. Macon, Ga.: Mercer University Press, 1988.

Co, Maria Anicia. "The Major Summaries in Acts: Acts 2:42-47; 4:32-35; 5:12-16. Linguistic and Literay Relationship." *ETL* 68 (1992):49-85.

Cohen, Shaye J. D. *From the Maccabees to the Mishnah*. Library of Early Christianity 7. Philadelphia: Westminster, 1987.

Collins, Raymond F. "Paul's Damascus Experience: Reflections on the Lukan Accounts." *LS* 11 (1986):99-118.

Conzelmann, Hans. *The Theology of St. Luke*. Translated by Geoffrey Buswell. New York: Harper & Row; Philadelphia: Fortress, 1961.

Cosgrove, Charles H. "The Divine in Luke-Acts: Investigations into the Lukan Understanding of God's Providence." *NovT* 26 (1984): 168-90.

Culpepper, R. Alan. "Commentary on Biblical Narrative: Changing Pradigms." *Forum* 5.3 (1989): 87-102.

Dahl, Nils Alstrup. "The Purpose of Luke-Acts." Chapter in *Jesus in the Memory of the Early Church: Essays*. Minneapolis: Augsburg, 1976.

Darr, John A. *On Character Building: The Reader and the Rhetoric of Characterization in Luke-Acts*. LCBI. Louisville, Ky.: Westminster/John Know, 1992.

Daube, David. "Neglected Nuances of Exposition in Luke-Acts." In *ANRW*, 2.25.3, edited by Wolfgang Haase, 2329-56. New York: Walter de Gruyter, 1985.

Dawsey, James Marshall. *The Lukan Voice: Confusion and Irony in the Gospel of Luke*. Macon, Ga.: Mercer University Press, 1986.

———. "The Literary Unity of Luke-Acts: Questions of Style-A Task for Literary Critics." *NTS* 35 (1989): 48-66.

Dibelius, Martin. *Studies in the Acts of the Apostles.* Edited by Heinrich

Greeven. Translated by Mary Ling. London: SCM 1956.

Dunn, James D. G. *Baptism in the Holy Spirit: A Re-examination of the New Testament Teaching on the Gift of the Spirit in Relation to Pentecostalism Today*. London: SCM; Philadelphia: Westminster, 1970.

———. *Jesus and the Spirit: A Study of the Religious and Charismatic Experience of Jesus and the First Christians As Reflected in the New Testament*. London: SCM; Philadelphia: Westminster, 1975.

Dupont, Jacques. *The Salvation of the Gentiles: Essays on the Acts of the Aposles*. Translated by John R. Keating. New York: Paulist, 1979.

Easton, Burton Scott. *Early Christianity: The Purpose of the Acts and Other Papers*. Edited by Frederick C. Grant. London: SPCK, 1955.

Ehrhardt, Arnold. "The Construction and Purpose of the Acts of the Apostles." *ST* 12 (1958): 45-79.

———. *The Acts of the Apostles: Ten Lectures*. Manchester: Manchester University Press, 1969.

Erickson, Millard J. "Narrative Theology: Translation or Transformation?" In *Festschrift: A Tribute to Dr. William Hordern*, edited by Walter Freitag, 29-39. Saskatoon: University of Saskatchewan, 1985.

Esler, Philip Francis. *Commentary and Gospel in Luke-Acts: The Social and Political Motivations of Lucan Theology*. SNTSMS 57. Cambridge: Cambridge University Press, 1987.

Fee, Gordon D. *Gospel and Spirit: Issues in New Testament Hermeneutics*. Peabody, Mass.: Hendrickson, 1991.

Fee, Gordon D., and Douglas K. Stuart. "Acts——The Problem of Historical Precedent." Chapter in How to Read the Bible for all Its Worth: A Guide to Understanding the Bible, 2d edition, 87-102. Grand Rapids:

Zondervan, 1993.

Ferguson, Everett. *Backgrounds of Early Christianity*. 2d edition. Grand Rapids: Eerdmans, 1993.

Filson, Floyd V. "Live Issues in the Acts." *BR* 9 (1964):26-37.

Fitzmyer, Joseph A. *Luke the Theologian: Aspects of His Teaching*. New York: Paulist, 1989.

Franklin, Eric. *Christ the Lord: A Study in the Purpose and Theology of Luke-Acts*. Philadelphia: Westminster, 1975.

Fung, Ronald Y. K. "Charismatic Versus Organized Ministry? An Examination of an Alleged Antithesis." *EvQ* 52 (1980) 195-214.

Gasque, W. Ward. Sir William M. Ramsay, *Archaeologist and New Testament Scholar: A Survey of His Contribution to the Study of the New Testament.* Baker Studies in Biblical Archaeology. Grand Rapids: Baker, 1966.

———."The Speeches of Acts: Dibelius Reconsidered." In New *Dimensions in New Testament Studies*, edited by Richard N. Longenecker and Merrill C. Tenney, 232-50. Grand Rapids: Zondervan, 1974.

———."Did Luke Have Access to Traditions about the Apostles and the Early Churches?" *JETS* 17 (1974): 45-48.

———."The Book of Acts and History." In *The Unity and Diversity in New Testament Theology: Essays in Honor of George E. Ladd*, edited by Robert A. Guelich, 54-72. Grand Rapids: Eerdmans, 1978.

———. *A History of the Interpretation of the Apostles*. Peabody, Mass.: Hendrickson, 1989.

———"The Historical Value of Acts." *TynBul* 40 (1989): 136-57.

Gaston, Lloyd. *Horae Synopticae Electronicae: Word Statistics of the Synoptic*

Gospels. SBLSBS 3. Missoula: SBL, 1973.

Gaventa, Beverly Roberts. "The Eschatology of Luke-Acts Revisited." *Encounter* 43 (1982): 27-42.

———. *From Darkness to Light: Aspects of Conversion in the New Testament*. OBT 20. Philadelphia: Fortress, 1986.

———. "Toward a Theology of Acts: Reading and Rereading." *Int* 42 (1988): 146-57.

Giles, Kevin. "Is Luke an Exponent of 'Early Protestantism'? Church Order in the Lukan Writings (Part1)" *EvQ* 54 (1982): 193-205.

———. "Is Luke an Exponent of 'Early Protestantism'? Church Order in the Lukan Writings (continued)." *EvQ* 55(1983): 3-20.

———. "Present-Future Eschatology in the Book of Acts (1)." *RTR* 40 (1981): 65-71.

———. "Present-Future Eschatology in the Book of Acts (2)." *RTR* 41 (1982): 11-18.

Goulder, Michael Douglas. *Type and History in Acts*. London: SPCK. 1964.

Green, Joel B. *How to Read the Gospels & Acts*. Downers Grove. Ill.: InterVarsity, 1987.

Greidanus, Sidney. *Sola Scriptura: Problems and Principles in Preaching Historical Texts*. Kampen, Netherlands: J. H. Kok; Toronto: Wedge Publishing Foundation, 1970.

———. *The Modern Preacher and the Ancient Text: Interpreting and Preaching*

Biblical Literature. Grand Rapids: Eerdmans, 1988.

Gurthrie, Donald. "Recent Literature on the Acts of the Apostles." *Vox Evangelica* 2 (1963): 33-49.

Hemer, Colin John. "Luke the Historian." *BJRL* 60.1 (1977): 28-51.

———. *The Book of Acts in the Setting of Hellenistic History*. Edited by Conrad H. Gempf. WUNT 49. Tübingen: Mohr-Siebeck, 1989; reprint, Winona Lake, Ind.: Eisenbrauns, 1990.

———. "The Speeches of Acts: I. The Ephesian Elders at Miletus." *TynBul* 40 (1989): 77-85.

Hengel, Martin. *Acts and the History of Earliest Christianity*. Philadelphia: Fortress, 1980.

Horsley, G. H. R. "Speeches and Dialogue in Acts." *NTS* 32 (1986): 609-14.

Huffman, Douglas Scott. "The Theology of the Acts of the Apostles: Lukan Compositional Markedness as a Guide to Interpreting Acts." Ph.D. diss., Trinity Evangelical Divinity School, 1994.

Jervell, Jacob. *Luke and the People of God*. Minneapolis: Augsburg, 1972.

———. *The Unknown Paul: Essays on Luke-Acts and Early Christian History*. Minneapolis: Augsburg, 1984.

Johnson, Luke Timothy. *The Literary Function of Possessions in Luke-Acts*. SBLDS 39, Missoula: Scholars Press, 1977.

Jones, Donald L. "The Title Kyrios in Luke-Acts." In *SBLSP* 1974, 2 vols., edited by George MacRae, 2:85-101. [Missoula]: SBL, 1974.

Juel, Donald. *Luke-Acts: The Promise of History*. Atlanta: John Knox, 1983; London: SCM, 1984.

Käsemann, Ernst. *Essays on New Testament Themes*. Translated by W. J. Montague. London: SCM; Philadelphia: Fortress, 1964.

———. *New Testament Questions of Today*. Translated by W. J. Montague. Philadelphia: Fortress, 1969.

Kee, Howard Clark. *Good News to the Ends of the Earth: The Theology of*

Acts. London: SCM; Philadelphia: Trinity Press International, 1990.

Kennedy, George A. *New Testament Interpretation through Rhetorical Criticism*. Chapel Hill: University of North Carolina Press, 1984.

Kilgallen, John J. "Acts: Literary and Theological Turning Points." *BTB* 7 (1977): 177-80.

Kurz, William S. "Hellenistic Rhetoric in the Christological Proof of Luke-Acts." *CBQ* 42 (1980): 171-95.

———. "Narrative Approaches to Luke-Acts." *Bib* 68 (1987): 195-220.

———. "Narrative Models for Imitation in Luke-Acts." In *Greeks, Romans, and Christians: Essays in Honor of Abraham J. Malherbe*, edited by David L. Balch, Everett Ferguson, and Wayne A. Meeks, 171-89. Minneapolis: Fortress, 1990.

———. *Reading Luke-Acts: Dynamics of Biblical Narrative*. Louisville, Ky.: Westminster/John Knox, 1993.

Lewis, Thomas, and Carl Edwin Armerding. "Circumcision." In *ISBE*, revised edition, 1:700-702.

Liefeld, Walter L. *The Wandering Preacher in the Early Roman Empire*. Ann Arbor: University Microfilms, 1967.

McKnight, Scot. *Interpreting the Synoptic Gospels*. GNTE. Grand Rapids: Baker, 1988.

———. *A Light among the Gentiles: Jewish Missionary Activity in the Second Temple Period.* Minneapolis: Fortress, 1990.

MacMullen, Ramsay. *Paganism in the Roman Empire*. New Haven: Yale University Press, 1981.

Maddox, Robert. *The Purpose of Luke-Acts*. FRLANT 126. Göttingen: Vandenhoeck & Ruprecht, 1982; reprint, edited by John Riches,

Studies of the New Testament and Its World. Edinburgh: T. & T. Clark, 1985.

Malina, Bruce J., and Jerome H. Neyrey. *Calling Jesus Names: The Social Value of Labels in Matthew*. FFSF. Sonoma, Calif.: Polebridge, 1988.

Marshall, I. Howard. *Luke: Historian and Theologian*. Enlarged edition. Grand Rapids: Zondervan, 1989.

———. The Acts of the Apostles. NTG. Sheffield: JSOT, 1992.

Mather, P. Boyd. "Paul in Acts as 'Servant' and 'Witness'." *BR* 30 (1985): 23-44.

Mattill, Andrew Jacob, Jr. "The Purpose of Acts: Schneckenburger Reconsidered." In *Apostolic History and the Gospel: Biblical and Historical Essays Presented to F. F. Bruce on His 60th Birthday*, edited by W. Ward Gasque and Ralph P. Martin, 108-22. Grand Rapids: Eerdmans, 1970.

———. "The Jesus-Paul Parallels and the Purpose of Luke-Acts: H. H. Evans Reconsidered." *NovT* 17 (1975): 15-46.

———. *Luke and the Last Things: A Perspective for the Understanding of Lukan Thought*. Dillsboro, N.C.: Western North Carolina Press, 1979.

Mattill, Andrew Jacob, Jr., and Mary Bedford Mattill. *A Classified Bibliography of Literature on the Acts of the Apostles*. NTTS 7. Leiden: Brill, 1966.

Meeks, Wayne A. *The First Urban Christians: The Social World of the Apostle Paul*. New Haven: Yale University Press, 1983.

Menoud, Philippe Henri. *Jesus Christ and the Faith: A Collection of Studies*. Translated by Eunice M. Paul. PTMS 18. Pittsburgh: Pickwick, 1978.

Mills, Watson E. *A Bibliography of the Periodical Literature on the Acts of the Apostles*, 1962-1984. NovTSup 58. Leiden: Brill, 1986.

Minear, Paul S. "Dear Theo: The Kerygmatic Intention and Claim of the Book of Acts." *Int* 27 (1973): 131-50.

———. *To Heal and to Reveal: The Prophetic Vocation according to Luke*. New York: Seabury, Crossroad Books, 1976.

Moberly, Robert B. "When was Acts Planned and Shaped?" *EvQ* 65 (1993): 5-26.

Moessner, David P. "'The Christ Must suffer': New Light on the Jesus, Peter, Stephen, Paul Parallels in Luke-Acts." *NovT* 28 (1986): 220-56.

———. "Paul in Acts: Preacher of Eschatological Repentance to Israel." *NTS* 34 (1988): 96-104.

Moore, Stephen D. "Narrative Commentaries on the Bible: Context, Roots, and Prospects." Forum 3.3 (1987): 29-62.

Moscato, Mary. "A Critique of Jervell's Luke and the People of God." In *SBLSP* 1975, 2 vols., edited by George MacRae, 2:161-68. Missoula: Scholars Press, 1975.

———. "Current Theories Regarding the Audience of Luke-Acts." *CurTM* 3 (1976): 355-61.

Moule, C. F. D. "The Christology of Acts." In *Studies in Luke-Acts: Essays Presented in Honour of Paul Schubert*, edited by Leander E. Keck and J. Louis Martyn, 159-85. Nashville: Abingdon, 1966; reprint, Philadelphia: Fortress, 1980.

Navone, John J. *Themes of St. Luke*. Rome: Gregorian University Press, 1970.

Nickelsburg, George W. E, and Michael E. Stone. *Faith and Piety in Early Judaism: Texts and Documents*. Philadelphia: Fortress Press, 1983.

Nolland, John. "Luke's Use of Χάρις." *NTS* 32 (1986) 614-20.

O'Brien, Peter T. "Prayer in Luke-Acts." *TynBul* 24 (1973): 111-27.

O'Neill, John Cochrane. *The Theology of Acts in Its Historical Setting*. 2d edition. London: SPCK, 1970.

Osborne, Grant R. *The Hermeneutical Spiral: A Comprehensive Introduction to Biblical Interpretation.* Downers Grove, Ill.: InterVarsity, 1991.

O'Toole, Robert F. "Why Did Luke Write Acts (Lk-Acts)?" *BTB* 7 (1977): 66-76.

———. Acts 26: *The Christological Climax of Paul's Defense (Ac 22:1-26:32)*. AnBib 78. Rome: Pontifical Biblical Institute, 1978.

———. "Activity of the Risen Jesus in Luke-Acts." *Bib* 62 (1981): 471-98.

———. "Parallels between Jesus and His Disciples in Luke-Acts: A Further Study." *BZ* 27 (1983): 195-212.

———. *The Unity of Luke's Theology: An Analysis of Luke-Acts*. GNS 9. Wilmington, Del.: Michael Glazier, 1984.

Packer, James I., Merrill C. Tenney, and William White, Jr., eds. *The Bible Alanac*. Nashville: Thomas Nelson, 1980.

Parsons, Mikeal Carl. *The Departure of Jesus in Luke-Acts: The Ascension Narratives in Context.* JSNTSup 21. Sheffield: JSOT, 1987.

Parsons, Mikeal Carl, and Richard I. Pervo. *Rethinking the Unity of Luke and Asts*. Minneapolis: Fortress, 1993.

Payne, D. F. "Semitisms in the Book of Acts." In *Apostolic History and the Gospel: Biblical and Historical Essays Presented to F. F. Bruce on His 60th Birthday*, edited by W. Ward Gasque and Ralph P. Martin, 134-50. Grand Rapids: Eerdmans, 1970.

Pervo, Richard I. *Profit with Delight: The Literature Genre of the Acts of the Apostles*. Philadelphia: Fortress, 1987.

Pilgrim, Walter E. *Good News to the Poor: Wealth and Poverty in Luke-Acts.* Minneapolis: Augsburg, 1981.

Pohhill, John B. "Introduction to the Study of Acts." *RevExp* 87 (1990): 385-401.

Powell, Mark Allen. *What are They Saying about Luke?* New York: Paulist, 1989.

———. *What is Narrative Criticism?* GBSNTS. Minneapolis: Fortress, 1990.

———. *What are They Saying about Acts?* New York: Paulist, 1991.

Praeder, Susan Marrie. "The Narrative Voyage: An Analysis and Interpretation of Acts 27-28." Ph.D. diss., Graduate Theological Union, 1980.

———. "Luke-Acts and the Ancient Novel." in *SBLSP 1981*, edited by Kent Harold Richards, 269-92." Chico. Calif.: Scholars Press, 1981.

———. "Acts 27:1-28:16: Sea Voyages in Ancient Literature and the Theology of Luke-Acts." *CBQ* 46 (1984): 683-706

———."Jesus-Paul, Peter-Paul, and Jeus-Peter Parallelisms in Luke-Acts: A History of Reader Response." In *SBLSP 1984*, edited by Kent Harold Richards, 23-39. Atlanta: Scholars Press, 1984.

Ramsay, William Mitchell. St. *Paul the Traveller and the Roman Citizen*. 3d edition. London: Hodder & Stoughton, 1915; reprint, Grand Rapids: Baker, 1953.

———. *The Bearing of Recent Discovery on the Trustworthiness of the New Testament*. 4th edition. London: Hodder & Stoughton, 1915; reprint, Grand Rapids: Baker, 1953.

Richard, Earl. "Luke-Writer, Theologian, Historian: Research and Orientation of the 1970's." *BTB* 13 (1983): 3-15.

———. "The Divine Purpose: The Jews and the Gentile Mission (Acts 15)." In *Luke-Acts: New Perspectives from the Society of Biblical*

Literature Seminar, edited by Charles H. Talbert, 188-209. New York: Crossroad, 1984.

Robertson, A. T. *Luke the Historian in the Light of Research*. New York: Scribner, 1920.

Rosenblatt, Marie-Eloise. "Recurrent Narration as a Lukan Literary Convention in Acts: Paul's Jerusalem Speech in Acts 22:1-21." Chapter 7 in *New Views on Luke and Acts*, edited by E. Richard. Collegeville, Minn.: Michael Glazier, Liturgical Press, 1990.

Sanders, Jack T. *The Jews in Luke-Acts*. Philadelphia: Fortress, 1987.

Schürer, Emil. *The History of the Jewish People in the Age of Jesus Christ (175 B.C.-A.D. 135)*. Revised edition. 3 Vols. Edited by Geza Vemes, Fergus Millar, Martin Goodman, Pamela Vermes, and Matthew Black. Edinburgh: T&T Clark, 1973-87.

Schweizer, Eduard. "Concerning the Speeches in Acts." In *Studies in Luke-Acts: Essays Presented in Honour of Paul Schubert*, edited by Leander E. Keck and J. Louis Martyn, 208-16. Nashville: Abingdon, 1966; reprint, Philadelphia: Fortress, 1980.

Schott, J. Julius. "Stephen's Speech: A Possible Model for Luke's Historical Method." *JETS* 17 (1974): 91-98.

Seifrid, Mark A. "Jesus and the Law in Acts." JSNT 30 (1987): 39-57.

Shade, W. Robert, Ill. "Restoration of Israel in Acts 3:12-26 and Lukan Eschatology." Ph.D. diss., Trinity Evangelical Divinity School, 1994.

Sheeley, Steven M. *Narrative Asides in Luke-Acts*. JSNTSup 72. Sheffield: JSOT, 1992.

Smalley, Stephen S. "The Christology of Acts Again." In *Christ and Spirit in the New Testament: In Honour of C. F. D. Moule*, edited by Barnabas Lindars and Stephen S. Smalley, 79-93. Cambridge:

Cambridge University Press, 1973.

Stambaugh, John E., and David L. Balch. *The New Testament in Its Social Environment.* Literary of Early Christianity 2. Philadelphia: Westminster, 1986.

Stek. John H. "Dream". In *ISBE*, revised edition, 1:991-92.

Steling, Gregory E. *Historiography and Self-Definition: Josephos, Luke-Acts, and Apologetic Historiography*. NovTSup 64. Leiden: Brill, 1992.

Strange, W. A. *The Problem of the Text of Acts*. SNTSMS 71. Cambridge: Cambridge University Press, 1992.

Stronstad, Roger. "The Influence of the Old Testament on the Charismatic Theology of St. Luke." *Pneuma* 2 (1980): 32-50.

———. *The Charismatic Theology of St. Luke*. Peabody, Mass.: Hendrickson, 1984.

———. "The Biblical Precedent for Historical Precedent." *Paraclete* (Summer 1993): 1-14.

Swain, Lionel. "The Meaning of the Acts of the Apostles." *Clergy Review* 51 (1966): 535-40.

Talbert, Charles *H. Literary Patterns, Theological Themes, and the Genre of Luke-Acts*. SBLMS 20. Missoula: Scholars Press, 1974.

———. "An Introduction to Acts." *RevExp* 71 (1974): 437-49.

———. "Luke-Acts." In *The New Testament and Its Modern Interpreters*, edited by Eldon Jay Epp and George W. MacRae, 297-320. SBLBMI 3. Atlanta: Scholars Press; Philadelphia: Fortress, 1989.

Tannehill, Robert C. "Narrative Criticism." In *DBI*, 488-89.

Tiede, David L. *Prophecy and History in Luke-Acts*. Philadelphia: Fortress, 1980.

———. "The Exaltation of Jesus and the Restoration of Israel in Acts1." *HTR* 79 (1986): 278-86.

Tolbert, Malcom O. "Comtemporary Issues in the Book of Acts." *RevExp* 71 (1974): 521-31.

Trites, Allison A. "The Prayer Motif in Luke-Acts." In *Perspectives on Luke-Acts*, edited by Charles H. Talbert, 168-86. PRS Special Studies Series 5. Danville, Va.: Association of Baptist Professors of Religion; Edinburgh: T.&T Clark, 1978.

Tucker, Ruth A., and Walter L. Liefeld. D*aughters of the Church: Women and Ministry from New Testment Times to the Present.* Grand Rapids: Zondervan, 1987.

Turner, M. Max B. "Jesus and the Spirit in Lucan Perspective." *TynBul* 32 (1981): 3-42.

———. "The Significance of Receiving the Spirit in Luke-Acts: A Summary of Modern Scholarship." *Trinity Journal* 2 NS (1981): 131-58.

Tyson, Joseph B. "The Emerging Church and the Problem of Authority in Acts." *Int* 42 (1988): 132-45.

———. *Images of Judaism in Luke-Acts*. Columbia, S.C.: University of South Carolina Press, 1992.

van Unnik, Willem Cornelius. "The Book of Acts' the Cofirmation of the Gospel." *NovT* 4 (1960): 26-59.

Walaskay, Paul W. "And So We Came to Rome." *The Political Perspective of St. Luke*. SNTSMS 49. Cambridge: Cambridge University Press, 1983.

Wall, Robert W. "The Acts of the Apostles in Canonical Context." *BTB* 18 (1988): 16-24.

Wilson, Stephen G. *The Gentiles and the Gentile Mission in Luke-Acts*.

SNTSMS 23. Cambridge: Cambridge University Press, 1973.

———. *Luke and the Law*. SNTSMS 50. Cambridge: Cambridge University Press, 1983.

Witherup, Ronald D. "Functional Redundancy in the Acts of the Apostles: A Case Study." *JSNT* 48 (1992): 67-86.

Wright, N. T. *The New Testament and the People of God*. Minneapolis: Fortress, 1992.

Yamauchi, Edwin. *Harper's World of the New Testament*. San Francisco: Harper & Row, 1981.

Ziesler, J. A. "The Name of Jesus in the Acts of the Apostles." *JSNT* 4 (1979): 28-41.